人口老龄化 背景下

农村留守老人
生活质量测评

EVALUATION OF
THE QUALITY OF LIFE OF
RURAL LEFT-BEHIND ELDERLY IN AN

AGING POPULATION

柯 燕 著

社会科学文献出版社
SOCIAL SCIENCES ACADEMIC PRESS (CHINA)

CONTENTS 目 录

第一章 人口老龄化与农村留守老人生活质量

一 人口老龄化的趋势与特点

（一）人口老龄化的趋势

联合国经济和社会事务部人口司发布的《世界人口展望 2019》报告数据显示，2019 年全球人口为 77 亿人，预计到 2050 年增至 97 亿人，2100 年达到 109 亿人（王志理，2019）。世界人口结构将继续老化，2019 年全球 65 岁及以上的老年人口占全球人口的 1/11，2050 年将提高到 1/6。全球老龄化问题主要集中在欧洲发达国家。随着经济的发展，部分新兴国家的老龄化进程加快。

2021 年国家统计局发布的第七次全国人口普查数据显示，我国总人口数量为 14.1178 亿人。其中，60 岁及以上的人口有 2.6 亿人，65 岁及以上的人口数量达到了 1.9 亿人，我国老年人口的规模不断扩大。把 60 岁及以上的人口占总人口比重达到 10%，或 65 岁及以上人口占总人口的比重达到 7% 作为国家或地区进入老龄化社会的国际标准，我国在 1999 年就进入老龄化社会。2020 年，我国 65 岁及以上人口比重为 13.50%，高于世界 65 岁及以上人口 9.3% 的平均老年人口比重。如图 1-1 所示，与 2000 年相比，2010 年我国 60 岁及以上人口比重提升了 2.93 个百分点，65 岁及以上人口比重提升了 1.91 个百分点。与 2010 年相比，2020 年我国 60 岁及以上、65 岁及以上人口比重分别提升了 5.44 个百分点和 4.63 个百分点，比 2000~2010 年分别上升了 2.51 个百分点和 2.72 个百分点。

国家统计局数据显示，截至 2022 年末，全国人口为 141175 万人，60

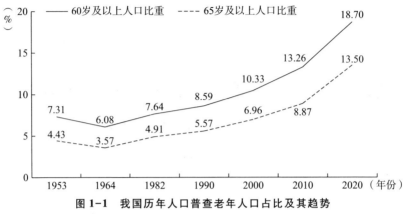

图 1-1　我国历年人口普查老年人口占比及其趋势

资料来源：根据国家统计局数据整理。

岁及以上人口为 28004 万人，占全国人口的 19.8%，其中 65 岁及以上人口为 20978 万人，占全国人口的 14.9%。根据联合国《世界人口展望 2022》预测结果，到 2033 年前后，我国 60 岁及以上老年人口将超过 4 亿人，到 2054 年左右达到峰值，进一步增加约 1.2 亿人；到 2034 年前后，65 岁及以上老年人口将超过 3 亿人，2057 年左右达到约 4.3 亿人，增幅约 43.33%（林宝，2023）。预计在 2054 年，我国的老龄化水平将超过 40%，步入超级老龄化社会，成为全球老龄化程度最高的国家之一（原新，2023）。老年人口变化趋势的分析表明，我国人口老龄化程度在加深、速度在加快。"十四五"是我国积极应对人口老龄化挑战、完善养老服务体系的关键时期。

（二）我国人口老龄化的特点

我国的人口老龄化呈现几个明显的特点。首先，人口老龄化城乡倒置，农村老龄化与空巢化问题并存。根据第七次全国人口普查结果，我国人口老龄化存在较大的城乡差异。60 岁及以上、65 岁及以上农村老年人口分别占农村人口的 23.81%、17.72%，较城镇分别高出 7.99 个百分点和 6.61 个百分点。我国流动人口规模约 3.7 亿人，其中跨省流动和省内流动人口分别为 1.2 亿人和 2.5 亿人。加上农村子女数量的下降，家庭规模的缩小，城镇化率的进一步提高，加快了农村人口老龄化和空巢化的速度。就未来趋势而言，城市对年轻劳动力的吸纳效应会进一步导致农村老龄化程度加深，城乡人口老龄化的差异在短期将继续扩大（李静、吴美玲，2020）。人口老龄化城乡倒置现象具有普遍性，大部分国家和地区的人口老龄化的城乡差异将经历"扩大—缩小—再扩大—再缩小"4个阶段（林宝，2018）。

其次，我国人口老龄化表现出明显的年龄、性别与地区差异。低龄老人是老年人口的主体，且绝对数量巨大。据预测，到2050年，60～69岁的低龄老年人口规模将达到2.1亿人（原新，2023）。我国80岁及以上的老年人口在2020年为3580万人，占总人口的比重为2.54%。老年人口高龄化和高龄人口女性占比增加趋势明显（王雪辉、彭聪，2020）。从人口老龄化深度来看，我国女性人口老龄化深度（2.65%）高于男性人口老龄化深度（2.14%），我国农村人口老龄化深度（2.69%）高于城镇人口老龄化深度（2.09%）及城市人口老龄化深度（2.05%），说明女性人口老龄化问题及农村人口老龄化问题更为严重（郝乐、张启望，2020）。

最后，虽然我国人均预期寿命在增加，但老年人口的生命周期健康状况不容乐观，严重影响了其生活质量。《"健康中国2030"规划纲要》指出，2030年我国人均预期寿命将达到79岁。据联合国开发计划署2019年的报告，我国人口预期寿命从1990年的69岁增加到2018年的76岁。在此期间，预期受教育年限从8.8年增加到13.9年。与此同时，人均国民总收入也从1530美元增加到16127美元（2011年购买力平价）（United Nations Development Programme，2019）。但老年人口的健康状况不容乐观。第六次全国人口普查结果显示，60～64岁的老年人口中，6%不健康但生活能自理，0.9%生活不能自理，生活不能自理的高龄老年人口占比随着年龄的增加不断提高，90岁及以上老年人口中生活不能自理的占比达到20%以上。《健康中国行动（2019—2030年）》的数据显示，截至2018年底，患有慢性病的老年人约1.8亿人，且超过75%的老年人患有一种及以上慢性病。老年人失能及部分失能的风险持续增加。据预测，2030年我国失能、半失能老年人口将达到7611万人，2050年将增至1.2亿人（葛延风等，2020）。老龄社会中，老年非健康状态给国家医疗卫生服务体系和老年照护体系都带来了较大的压力。

二 积极应对人口老龄化的战略措施

人口老龄化已成为全人类必须面临的一项挑战。1990 年，在哥本哈根世界老龄大会上，世界卫生组织将"健康老龄化"确立为应对老龄化的全球战略，强调健康的内涵是指包括身体、心理和社会功能的全面良好状态。世界卫生组织在 20 世纪 90 年代末采用了"积极老龄化"一词，旨在传达比"健康老龄化"更具包容性的信息，并承认除保健之外影响个人和人口老龄化的因素（Kalache and Kickbusch，1997）。积极老龄化是指通过增加健康、参与和安全等方面的机会，提高人们在老龄化过程中的生活质量的过程。积极老龄化既适用于个人，也适用于群体。它允许人们在整个生命历程中发掘其在身体、社会和心理健康方面的潜力，并根据其需求、愿望和能力参与社会活动，同时在其需要帮助时为其提供足够的保护、安全和照顾。2002 年的世界老龄大会通过了世界卫生组织提出的"积极老龄化"的行动建议，健康、参与和保障构成应对老龄化的政策框架基础。健康老龄化与积极老龄化的理念逐渐在各国实践中深入人心。

党和国家在制度上进行顶层设计应对人口老龄化挑战，保障农村留守老人的养老生活。2016 年 10 月，中共中央、国务院印发《"健康中国 2030"规划纲要》，指出当前我国正面临人口老龄化的重要趋势，这既是社会发展进步的体现，也是我国较长时期的基本国情。积极应对人口老龄化，事关"两个一百年"奋斗目标，事关中华民族伟大复兴的中国梦。党的十九大报告对构建养老、孝老、敬老政策体系和社会环境，推进医养结合，加快老龄事业和产业发展作出了进一步指示。2019 年 11 月，中共中央、国务院印发《国家积极应对人口老龄化中长期规划》。2020 年 10 月 29 日，党的十九届五中全会公报提出健全多层次社会保障体系，全面推进健康中国建设，把积极应对人口老龄化上升为国家战略。人口老龄化是社会发展的趋势，也是社会进步的体现。积极应对人口老龄化战略的实施体现了坚持以人民为中心的发展思想，对于经济的高质量发展与社会和谐稳定具有重大意义。

三　农村留守老人生活质量的相关政策

2013 年 12 月，中央农村工作会议提出健全农村留守老年人关爱服务体系的相关政策措施，并作了进一步的指示。2016 年的政府工作报告中再次强调要加强农村留守儿童、妇女、老人的关爱服务。接下来制定的《"十三五"国家老龄事业发展和养老体系建设规划》中，对推动农村留守、空巢老年人关爱服务工作实施，完善老年人关爱服务体系提出了具体的要求。2017 年，为促进留守老年人关爱服务工作落实，民政部联合其他多个部委制定了《关于加强农村留守老年人关爱服务工作的意见》，明确提出要建立健全家庭尽责、基层主导、社会协同、全民行动、政府支持保障的农村留守老年人关爱服务工作机制。针对包括贫困、失能等困难老人在内的农村特困群体，2018 年制定的《乡村振兴战略规划（2018—2022年)》，强调要全面实施农村特困人员的救助供养制度，保障其基本生活并提高服务质量。当前，我国正在实施多项措施，加强农村留守老人的养老保障，包括加快建立以居家为基础、社区为依托、机构为补充的多层次农村养老服务体系；鼓励村集体积极开展社区互助养老服务实践；支持农村发展康养产业，完善面向失能、半失能老年人的养老服务设施。与此同时，着手建立信息完整的全国留守老人基础数据库，增强对农村留守老人全方位的养老支持。上述政策措施充分表明了我国政府对留守老人这个特殊困难群体的关爱与支持，为提升留守老人的生活质量提供了政策支持和制度保障。

党的十九大报告提出实施乡村振兴战略，强调在资源保障和公共服务上优先满足农村的发展与农民的需求。在人口老龄化的背景下，将积极老龄化"健康、参与、保障"的目标与乡村振兴战略融合是当前面临的一个重要任务。

探讨和研究农村留守老人的生活质量问题，改善和提高农村留守老人的生活质量和幸福感，不仅是实现积极老龄化和健康老龄化目标的现实需要，也是全面推进乡村振兴、实现全体人民共同富裕的现代化的客观要求，更是实现"十四五"时期社会经济主要目标——增进民生福祉和提高人民生活品质的迫切要求。

第二章　老年人口生活质量的
研究现状与理论借鉴

一　国内外研究现状

（一）国外研究现状

1958 年，美国经济学家加尔布雷斯在《丰裕社会》中阐释了生活质量的概念。他认为生活质量是个人对其生活状况的满意程度以及在社会中实现自我价值的体验（Calbraith，1958）。但也有学者认为生活质量的概念最早出现在 1920 年英国福利经济学家庇古（A. C. Pigou）的《福利经济学》中，只是书中使用生活质量来描述福利的非经济方面，在当时并没有引起广泛的关注。20 世纪 60 年代，生活质量研究随着社会指标运动在美国广泛开展。最初，人们关注对国家层面的社会、经济、人口等信息的测量，目的是检验社会价值与目标的实现状况。1974 年美国经济学教授伊斯特林（Easterlin，1974）发现，不仅国家之间人均收入的差异与快乐水平没有明显关联，国家内部国民财富的增长也不一定带来幸福感的增加。伊斯特林悖论表明，国家层面的人均收入等经济指标并不能很好地解释国民幸福感的变化。因此，生活质量研究逐渐从对国家社会福利的测量转向对个体主观感受的测量。此后，关于民众生活满意度、精神健康和幸福感的全国随机抽样调查和民意调查的研究成果层出不穷。到 70 年代，生活质量研究已开始扩散到全球，随着社会发展观的转变，成为学术界研究的热点问题。

1. 关于生活质量的内涵

生活质量也被称为生命质量，或者生存质量，是对生活好坏的衡量。

学界对生活质量概念的理解主要存在三种不同的观点。从客观方面定义的生活质量，是将生活质量定义为能够满足人们生活所需要的外部环境的条件，例如居住环境、居民收入、社会保障情况等，这些生活条件的改善就相当于生活质量的提高。美国经济学家罗斯托从自然（居住环境的美化和净化等）和社会（社会文化、教育、卫生保健、交通、生活服务、社会风尚乃至社会治安等条件的改善）两个客观方面概括描述了生活质量的内涵，且认为生活质量概念是与经济增长阶段相联系的，是经济增长过程的必然产物（Rostow，1971）。1988年，联合国亚洲及太平洋经济社会委员会将生活质量的定义扩展为四个维度，即经济维度、社会维度、文化维度和政治维度，而且认为四个维度同样重要。从主观方面界定生活质量，生活质量是生活幸福的总体感觉，是个体对生活"好"与"坏"感知的平衡结果（Campbell et al.，1976）。老年人的生活质量是老年人对其在生活中的地位、其生活的文化背景、其生活的价值体系以及与他们相关的目标、期望、标准和关切的看法（Yang et al.，2020a）。

目前，大多数的学者强调应将客观方面和主观方面结合起来理解生活质量。Ventegodt等（2003）从主观生活质量、客观生活质量和生命的存在质量三个方面解释了生活质量的概念。主观生活质量是指个体根据内在的感受和观念对生活是否满足、是否快乐所做出的个人评价。客观生活质量是指一个人的生活是如何被外界感知的，即大家所认可的个体外部的生活条件。这种感知受人们生活所处的文化的影响，体现了个体对所处的文化价值观的适应能力，而较少关注个体自身的生活。例如，社会地位或成为优秀成员所应具备的地位象征。生命的存在质量衡量一个人的生命在更深层次上有多美好，这意味着个体能够按照其所存在的本质方式生活。这些概念往往相互重叠，因此可以将它们置于从主观到客观的范围内，生存要素置于中间位置。Borthwick-Duffy等（1992）从三个角度阐述了生活质量：生活质量是指一个人生活条件的质量；生活质量是指一个人对生活条件的满意度；生活质量是指生活条件和满意度的结合。刘本杰认为，生活质量是指在特定环境中人们所获得的物质上和心理上的福利（Liu，1983）。Felce和Perry（1995）将生活质量定义为一种全面的总体福祉，包括对身体、物质、社会和情感福祉的客观描述和主观评价，以及个人发展和有目的活动的程度，所有这些都以一套个人价值观为权重。这三个要素之间存在着动态的相互作用。生活中某些客观方面的变化可能会改变满意度或个人价值观，或两者兼而有之。同样，价值观的变化也会改变满意度，并促使某些客观环境发生变化。同样，满意度的变化也可能导致对价值观和生活方式的重新评估。

2. 关于老年人口生活质量的测量方法

由于生活质量难以直接进行测量，鲍尔和奥尔森指出社会指标是生活质量研究的科学方法。国外研究认为，老年人的生活质量通常包括五个方面的主客观因素：身心健康、功能自主性、社会活动、家庭或社会支持和居住与环境（Bowling and Windsor，2001；Gabriel and Bowling，2004）。Henchoz 等（2020）在研究中使用了老年人生活质量多维度量表（OQoL-7），这是一份包含 28 个项目的问卷，用来评估社区老年人群的生活质量。OQoL-7 量表评估了七个生活质量领域的重要性和满意度，包括物质资源、亲密人际关系、社会与文化生活、自尊与认可、健康与行动能力、安全感以及自主性。Neugarten 等（1961）编制了测量老年人口生活质量的生活满意度量表，具体包括一个他评量表，即生活满意程度评定量表（Life Satisfaction Rating Scales，LSR）以及两个自评量表，即生活满意度指数 A（Life Satisfaction Index A，LSIA）和生活满意度指数 B（Life Satisfaction Index B，LSIB）。Elosua（2011）基于结构方程模型（SEM）提出了一个瑟斯顿模型，通过配对比较收集了 323 名 65~94 岁的老年人数据，对其生活质量的五个方面进行了评估：健康、自主性、家庭和社会支持、社交活动、家庭条件。确定了老年人主观偏好的四个维度：健康、自主性、家庭和社会支持以及社交活动。

3. 关于老年人口生活质量的影响因素

从经济方面来看，子女外出工作可以给予留守老人经济支持（Zuniga and Hernandez，1994；Velkoff，2001），有利于老年人生活质量的提升。但是有学者持有相反的观点，认为外出工作的子女并未改善老年人的经济条件（Skeldon，2001）。子女外迁会对留守父母的身心健康产生负面影响。安特曼的实证研究结果表明，子女移民美国与其在墨西哥的老年父母身心健康状况不佳（从自我报告的健康质量和心理健康到心脏病发作或中风）

存在着统计学上的显著关系（Antman，2010）。

社会支持对老年人的生活质量有着积极的影响（Cobb，1976；de Belvis et al.，2008；Giacomin et al.，2008），对改善老年人的身心健康起着重要作用（Bai et al.，2020）。米克劳斯对老年人口生活质量的分析得出：整体满意度差异的一半和幸福感差异的1/3可以用对配偶、健康、住房、经济保障和友谊的满意度来解释。对配偶的满意度对幸福感的影响最大，而对健康的满意度对整体满意度的影响最大（Michalos，1986）。在非正式支持中，对生活质量影响最大的是配偶提供的情感支持，其次是朋友，子女的影响最小（Dean and Chakraborty，1990）。社会参与是影响生活质量的一个限制性因素，与日常活动相比，社会角色与生活质量的关系更大（Levasseur et al.，2009）。

关于健康相关生命质量（HRQoL）的研究很多，它是身体健康、心理状况、独立程度、社会关系和环境因素等多种健康相关因素的综合反映（Xu et al.，2018）。研究表明，健康状况遵循社会经济梯度，经济收入通过改善健康状况来影响老年人的生活质量。个人社会经济状况越差，健康状况越差（Rong et al.，2020）。中国老年人的健康生活质量在城乡之间的差异可能与老年人健康自我管理水平与意识之间的相关性有关（You et al.，2019）。运动（Yang et al.，2020a）、有更多健康生活行为（Hu et al.，2020）的个体有较高的健康相关的生活质量。留守会增加生活压力、抑郁症状、精神障碍和减少社会支持，从而增加自杀风险（Zhou et al.，2018）。孤独是空巢综合征和抑郁之间的中介变量（Wang et al.，2017），农村留守老人抑郁症患病率高，其健康状况、生活质量也较差（Yang et al.，2020b；Rong et al.，2019）。农村的熟人社会环境及良好的生态环境对留守老人心理健康有积极影响，但由于农村社区规模小，社交网络不利于隐私保护，居民在寻求帮助治疗心理健康问题时可能会受到污名的影响（Nepomuceno et al.，2016）。

此外，性别、文化程度、居住方式等因素对老年人的生活质量也有显著影响。男性在身体、心理、社会和环境方面的生活质量更高。受过教育、已婚、生活在大家庭中的老年人的生活质量更高（Qadri et al.，2013）。

(二) 国内研究现状

改革开放以后，我国人民的生活水平快速提升，自 20 世纪 80 年代开始生活质量研究引起了学术界的广泛关注。城乡差别、职业分工和新生群体的出现造成生活质量的差异，国内学者分别就城市居民以及不同群体的生活质量进行了专项研究。1987 年，林南等（1987）基于天津市的大规模调查数据构建了城市居民生活质量的分层结构模型。1989 年，林南和卢汉龙（1989）利用对上海城市居民生活质量的调查数据，进一步探讨了社会指标与生活质量的结构。此后，受经济体制转轨和社会转型的影响，生活质量的研究对象进一步拓展到农民、新生群体等不同群体。2007 年，邢占军和黄立清（2007）对工人群体、农民群体、干部群体、国有企业管理者群体、知识分子、新兴群体和城市贫困群体七个社会群体的主观生活质量进行了系统研究和比较研究。周林刚（2009）通过对城市化进程中深圳失地农民进行调查，构建了包括认知、情感、行为和态度四个维度的生活质量结构模型。生活质量研究逐渐成为一个专门的研究领域。

1. 关于老年人口生活质量的内涵

生活质量是一个难以明确和统一界定的概念，关于老年人口的生活质量，尤其是农村留守老人生活质量的定义更为鲜见。生活质量的界定方式主要有三种：群体层面的客观定义、个体层面的主观定义和主客观结合的定义。一是群体层面的客观定义，侧重于影响人们生活的物质条件，即人们所拥有的用于提高生活水平的客观资源。客观生活质量的概念通常是"生活水平""福利水平"的代名词。生活质量最为重要和关键的方面是个体对自身生活的评价，也就是个体是否感觉生活得很愉快（周长城，2001）。二是个体层面的主观定义，强调个体对其生活状况的主观评价。主观生活质量是人们对客观生活状况的感知，如人们对收入、住房、交通、环境和公共安全等方面的满意度（郑杭生等，1988：38）。林南和卢汉龙（1989）认为生活质量是人们对生活环境和自身生活的全面评价。1994 年，中华医学会老年医学专科委员会流行病学学组专家针对生活质量研究中存在的概念模糊问题，将老年人生活质量定义为：60 岁及以上老年人群对自己的身体、精神、家庭和社会生活美满的程度以及对老年生活的全面评价（于普林、袁鸿江，2002：326）。三是主客观结合的定义，是将生活质量的客观条件与主观评价结合起来。刘渝林（2005）认为，老年生活质量是指社会提高老年健康的供给程度和老年健康需求的满足程度，是建立在一定物质条件基础上，老年人口对生命及社会环境的认同感。老年人的生活质量是一定社会条件下老年人在物质生活、精神生活、身体状况、生活环境中所处的状态及老年人自我感受的总和（刘晶，2009）。

2. 关于留守老人生活质量的测量指标

与生活质量的三种界定方式相对应，生活质量的测量也包括三类方法。一是客观指标法，主要包括与社会福利相关的客观资源的测量指标，如收入、消费、社会网络等。如张姣姣和曹梅娟（2010）认为经济与消费、生命健康、文化休闲、人居环境、社会支持、公共安全等构成了老年人生活质量的一级客观指标。二是主观指标法，主要包括衡量人们福利状况的"满意度"与"幸福感"指标。胡荣（1996）认为生活质量的主观指标包括财产与消费、家庭生活、业余文化生活、工作、居住环境五个方面。李正龙（2006）则认为生活满意度的评价指标应该包括收入类指标、消费类指标、居住条件与生活环境类指标、医疗条件类指标、工作条件与社会保障类指标。邢占军和黄立清（2007）构建的我国城市居民主观生活质量指标包括知足充裕体验、心理健康体验、身体健康体验等十个方面。三是主客观指标结合法，包括反映人们生活水平的客观指标与衡量人们对生活满意程度的主观指标。卢淑华（1992）在研究中不仅运用了生活质量主、客观作用机制，还设置了中介评价指标。牟焕玉等（2018）从身体健康、饮食满意、安全感、环境舒适、自主性、人际交往、娱乐活动和情绪健康等八个内部存在联系与交叉的方面对机构老年人的生活质量进行了评估。

3. 关于子女外迁对留守老人生活质量的影响

一是经济方面。一种观点认为，留守老人得到子女较多的经济支持（李强，2001；杜鹏等，2004；杜鹰，1997；黄庆波等，2018）。另一种观点则认为，子女迁移没有改善留守老人的经济状况（王全胜，2007；钟曼丽，2017）。二是生活照料方面。子女迁移导致农业生产、隔代监护责任落到留守老人身上，加重了留守老人的生活负担（张文娟、李树苗，2005；戴卫东、孔庆洋，2005；叶勇立等，2007），且农村的隔代照料与家务劳动主要由女性老人承担（陈小萍、赵正，2017）。留守老人的照顾者主要包括老人自己及其配偶、未外出子女、其他亲属等家庭成员，以及邻居、同辈群体等社区成员（贺聪志、叶敬忠，2010）。也有研究发现，农村留守老人的照料现状大多为自我照料（王晓亚，2014）。年轻人孝文化观念淡薄也是导致留守老人赡养问题的因素（王全胜，2007）。三是精神慰藉方面。子女与老年人时空分离，老年人思念子女，而且农村精神文化生活单调，文娱活动少，难以满足老年人的精神需求（李春艳、贺聪志，2010；杜娟、杜夏，2002；蔡蒙，2006；谢亚萍，2019；武亚晓，2020）。子女（尤其是女儿）外出打工，增加了老人的孤独感（郑莉、李鹏辉，2018）。也有研究发现外出子女的经济支持，提升了留守老人在村里的地位，降低了其孤独感（杜鹏等，2004）。四是健康方面。研究表明，受经济条件影响，留守老人的健康水平较低，农村医疗条件难以满足老年人的健康需求（孙鹃娟，2006；陈铁铮，2009；杜鹏，2013；李茂松，2019）。照顾孙辈的负担降低了留守老人的健康水平（温兴祥等，2016；舒玢玢、同钰莹，2017；连玉君等，2014）。也有研究发现，外出子女经济供养能力的增强对老年人的身心健康起到了正向作用（王小龙、兰永生，2011）。

4. 关于社会支持对留守老人生活质量的影响

大量研究表明，老年人的生活质量与其获得的社会支持密切相关，社会支持对于提升老年人的生活质量有着正向的作用。社会支持是影响留守老人主观幸福感的主要因素（胡捍卫、汪全海，2016）。人均社会保险基金支出有利于提升老年人口生活质量（向运华、胡天天，2020）。新农保政策减少了农村留守老人对子女供养的依赖，新农合政策在一定程度上提高了农村留守老人的生活满意度（裴劲松、矫萌，2020）。新农合政策从医疗系统的角度改善了老年人的营养和健康状况（Wang et al.，2019）。随着社会角色的转变和生理功能的衰退，老年人经常面临消极情绪和疾病的困扰，且老年人的社会网络在年龄序列上具有"反向结构"：家庭网络对农村老年人幸福感的影响随着其年龄的增长而显著增加（Zheng and Chen，

2020）。社区支持和家庭支持能够显著提高老年人的生活质量（程翔宇，2016）。从家庭、朋友、邻居、社区、单位等处获得的社会支持越多，老年人生活质量越高（王艳梅等，2008）。老年人的幸福感主要源于配偶之间的相互照料以及子女的代际支持（邢华燕等，2016）。家庭、子女、配偶、朋友邻里、社会机构以及其他组织对老年人生活质量的影响依次递减（李建新，2007）。农村基层组织、社区、志愿者等服务体系不完善（杜鹏等，2004；孙鹃娟，2006），农村老年人的社会支持主要源于家人和亲友邻里，来自社会工作者的支持很少（李德明等，2007）。缺少社会支持的老年人生活质量较低。社会隔离不仅直接影响老年人的生活质量，还可通过抑郁、孤独的部分中介效应间接影响其生活质量（赵迪等，2020）。农村留守老人的主观幸福感显著低于非留守老人。因家庭主要成员外出，留守老人得到的来自家庭的支持明显减少。我国农村留守老人获得的社会支持总体表现为"不足"、"有限"和"太弱"（唐踔，2016）。

5. 关于影响老年人口生活质量的其他因素

老年人口的生活质量受到多方面因素的影响，包括生理、心理、受教育程度、生活方式、社会经济环境等。一是生理和心理因素。随着老年人年龄的增长，老年人生理机能逐步减退，身体和心理的压力成为其生活质量降低的重要原因。留守老人"主体劳动者"身份逐渐被取代，在家庭和社会上的话语权、决策权随之丧失，社会角色边缘化导致留守老人的孤独感增加（雷敏，2016）。农村留守老人生活质量总得分及各维度得分均低于非留守老人（李金坤等，2015）。心理资本水平较高的农村留守老人自我效能感、生活满意度与主观幸福感往往更高（向琦祺等，2017）。二是教育因素。留守老人的受教育程度与多维贫困呈反比关系（马明义等，2020），受教育程度也和个体的主观生活质量联系紧密，受教育程度高的老年人，其主观生活质量较低，受教育程度低的老年人，其主观生活质量较高（赵细康，1997）。重视对子女的教育投资更有利于老年生活质量改善，尤其是女儿受教育年限越高越有利于父母老年生活质量的提高（石智雷，2015）。三是健康及社区服务因素。胡斌等利用 Ordinal Logistic 回归模型分析发现，自评健康状况、是否患慢性病、医疗服务态度、医疗技术水平、就医方便程度、养老方式、社区是否定期提供精神文化服务等 7 个因素对老年人生活满意度有显著影响（胡斌等，2017）。四是生活方式。老年文娱活动对老年人的健康具有正向作用，增进了留守老人的健康福利（宋月萍等，2015）。五是地域因素。张忆雄等（2013）通过分层整群抽样对上海、无锡、武汉、郴州、重庆、遵义6个城市老年人的生活质量进行问卷调查，采用世界卫生组织生活质量测定简表（WHOQOL-BREF）评价其生活质量，发现由于各地经济发展的不平衡和文化的差异，中国老年人口的生活质量和幸福感在地域上存在显著差异。

6. 关于提升老年人口生活质量的对策

农村留守老人是我国城市化转型过程中出现的特殊弱势群体，其生活质量状况引起了学界的广泛关注。提升留守老人生活质量的对策研究主要集中在以下几个方面。一是政府层面。打破城乡壁垒，完善养老保险、新型农村合作医疗保险、最低生活保障等社会保障制度（李春艳、贺聪志，2010），重点建设农村社会养老保险制度，完善社会救济与社会保险体系，增强农村留守老人抵御风险的能力，提升其生活质量（王晓凤、龙蔚，2013）。加大农村地区医疗卫生资金投入力度，改善留守老人就医环境和医疗服务质量（王大雪等，2019）。政策制定者需要尽快探索建立适合农村地区的长期保险制度。在强调良好躯体健康状况和充裕的物质生活条件的前提下，更加注意老年人心理健康即精神生活质量（徐克静、王海军，1993）。二是社会层面。提倡弘扬中华民族敬老爱老的传统美德，呼吁关爱老年人、关心老年人生活和精神需求，以提升其生活质量（占建华、梁胜林，2003）。积极组织志愿者为老年人提供上门服务等，多途径增强老年人的社会支持（陶慧等，2019）。加大对农村互助养老模式等成功模式的推广力度，鼓励社会各界积极关注农村养老事业（赵成云，2019）。三是社区层面。建立和发展老年协会等基层社团组织，满足老年人的经济需求和精神文化生活需求，实现老有所养、老有所为（蔡蒙，2006）。完善社区卫生服务网络，开展有针对性的卫生健康教育，提升其自我保健能力，提供社区老年护理服务，以提高照护质量（颜君、何红，2005）。以农村社区为平台，整合社区内各种服务资源，构建和完善农村留守老人的社交网络，打造良好的社区生活环境（闫宇、于洋，2020）。

（三）国内外文献述评

上述研究表明，国内外学者虽然已经开始关注留守老人的生活质量，也提出了一定的解决思路，但还需要进行探索和创新。首先，从研究内容看，单一衡量方法的研究较多，主客观结合的研究较少，并且缺乏对主客观指标之间关系的研究。其次，整体研究较多，缺乏针对不同群体的差异化研究，如对不同地区、不同性别、不同年龄段的留守老人的比较研究。从研究视角看，基于"自我"角度的研究较多，缺乏从"自我"转向"他我"的研究；群体层面的研究较多，个体层面的研究不足；对人口学因素及外部因素的影响研究居多，缺乏对外部因素与内部因素共同作用机制的研究。最后，从研究方法看，描述性研究居多，忽视了实证研究、比较研究等研究方法的综合运用。

二　经典理论借鉴

（一）需求层次理论

需求层次理论是美国社会心理学家亚伯拉罕·马斯洛（Abraham Maslow）在其著作《动机与人格》中提出的。需求层次理论具有从低到高的梯度结构，具体包括生理需要、安全需要、归属和爱的需要、自尊需要和自我实现的需要。当某一层次的需求满足后，又会有新的（更高级的）需求出现。以此类推，人类的基本需求组成一个相对优势的层次。人类对等级相对较低的需求比对等级相对较高的需求更为迫切和强烈。基本需要的满足会产生有益的、良好的、健康的、自我实现的效应（马斯洛，1987：108）。对高级需求的追求和满足代表了一种普遍性地趋于健康的趋势，一种远离心理病态的趋势（马斯洛，1987：115）。高级需求的追求与满足能产生有益于公众和社会的效果（马斯洛，1987：116）。马斯洛的需求层次理论揭示了人类需求的特点。一是需求的等级性。需求是按照某种递进的方式以及某种优先等级自动排列的。一般情况下，低级需求在所有需求中占绝对优势，只有当低级需求满足之后，才会出现更高等级的需求。当人们的低级需求占主导地位的时候，其他需求会消失或退居其次。

这对于理解贫富程度不同的国家或同一地区经济社会发展的不同阶段人们需求的特性具有重要意义。二是需求的可能性。当人的有机体被某种需求主宰时，会影响其未来的人生观，从而丧失对更高等级需求满足的欲望。此时，人们会认为只要满足当前的特定欲望，就会感到绝对幸福，而不再有更高的奢求。三是满足需求的差异性。不同的文化可能会提供满足欲望的不同方式。在一个社会里，作为一个好的猎手可以满足个体的自尊，但在另一个社会里却要靠当一个伟大的医生才能满足其自尊（马斯洛，1987：27）。这意味着，虽然欲望具有普遍性，但实现欲望的方式却是由特定的社会文化所决定的。

马斯洛的需求层次理论说明，一个国家多数人的需求结构同这个国家的经济发展水平、文化和人民受教育程度密切相关。党的十九大报告明确指出，当前我国社会的主要矛盾不再是人民日益增长的物质文化需要同落后的社会生产之间的矛盾，而是转化为人民日益增长的美好生活需要和不平衡不充分的发展之间的矛盾。2018 年我国人均国民总收入为 9732 美元，已超过中等收入国家的平均水平。① 随着我国经济实力的不断提高，社会发展的主要目标是实现人们对美好生活的愿望，包括更满意的收入、更健全的社会保障、更高质量的医疗卫生服务、更舒适的居住条件、更优美的社区环境、更丰富的精神生活等。另外，不平衡不充分的问题表现为城乡之间、东中西部之间发展水平差距仍然较大。因此，对农村老年人口的生活质量进行研究，既要符合当前的经济社会发展水平，反映人们需求的重心和质量的变化，又要考虑地区、城乡、性别等方面的差异性。

（二）效用理论

奥地利学派的门格尔（Carl Menger）、英国的杰文斯（William Stanley Jevons）和法国洛桑学派的瓦尔拉斯（Léon Walras），是"边际效应价值论"的倡导者。效用是指消费者在消费商品时所感受到的满足程度，效用这一概念与人的欲望或需求联系在一起，是人们对物品满足自己欲望或需求的能力的主观心理评价。他们认为，消费者必须有意识地或者潜意识地

---

① 《沧桑巨变七十载 民族复兴铸辉煌——新中国成立 70 周年经济社会发展成就系列报告之一》，2023 年 2 月 3 日，https://www.stats.gov.cn/sj/zxfb/202302/t20230203_1900355.html。

依据对不同种类欲望的重要性或者对每种欲望中各个具体欲望的重要性的相互比较，确定其满足的优先次序，从而使所有的需求得到满足。在一系列被满足的欲望中，总有一个是最后被满足的欲望，也是最不重要的欲望。这个最不重要的欲望被称为"边际欲望"，而物品满足这种边际欲望的能力就是边际效用（张培刚，1997：46）。瓦尔拉斯认为效用的价值在于物品的稀缺性，即有效效用相对于拥有数量的导数。他认为，商品满足欲望的强度是它的供给量的函数，当商品数量递增时，其满足欲望的强度必然递减。杰文斯从苦乐心理出发，认为个人拥有的所有物品的总效用是各个物品的实际效用的总和。

边际效用价值论强调了需求因素和心理作用，认为物品的价值以及边际效用，取决于消费者的主观评价。物品的效用是其自然属性，它有客观的特征，也有主观特征。各种资源具有客观性质，如食品能充饥、衣服能御寒，但也有主观性质，主观效用因不同的人或不同的社会而不同。庞巴维克（Eugen von Böhm-Bawerk）认为，经济研究分为个体经济的研究和社会经济的研究，只有在分析个体经济的基础之上，才能从事社会经济的研究（布留明，1964：118）。

效用理论的启示有以下几点。第一，实现社会发展的总体目标，必须以实现个体发展的目标为前提。因此，要以个体层面的生活质量研究为重点，而且客观测量与主观测量都应从微观层面开展。第二，资源的供给虽然具有客观特征，但其效用却取决于受益主体的评价。所以，供给包括两个层面，客观供给是指实际获取的资源；主观供给是指感知的客观供给状况，即客观供给的效用。比如，一个人每年获得的实际收入反映了收入的客观供给状况，但这个人感知的收入状况则是主观供给的体现。第三，生活质量测量需要强调主观的心理作用。在生活质量指标的设计中不仅应包括主客观的评价指标，还应包含主观需求指标。

（三）供需理论

英国著名经济学家阿尔弗雷德·马歇尔（Alfred Marshall）是新古典经济学派的主要创始人之一。他认为能够保证社会的每个成员得到"最大的满足"的前提在于自由交换条件下供给与需求均衡。马歇尔认为商品的价值是其交换价值或价格，生产费用决定供给，边际效用决定需求，市场的供求均衡决定商品的价值。马歇尔的供求关系不仅仅表示一般的市场交换关系，更反映了需求、供给及价格（价值）决定之间的相互作用关系（赵晓雷，1996：40）。马歇尔认为，需求和供给对价格（价值）的决定作用因时期长短而存在区别。在短期内，效用对价值起主要的作用，而在长时间内，生产成本对价值起主要的作用（马歇尔，1965：40）。在现实的商品经济中，由于商品生产者之间的竞争以及影响供给和需求的因素不同，供给与需求的量往往是不相等的，要么供给超过需求，要么供给低于需求，从而出现供给与需求之间的不平衡状态。

供需理论为生活质量的研究提供了一个新的视角，即从供给与需求的角度审视生活质量。个体的主观需求与客观供给之间的关系会影响生活质量。而在一定时期的横截面研究中，客观供给的效用，即个体所感知的客观供给对生活质量起着主要作用。

（四）多重差异理论

与以往研究不同，米克劳斯从社会比较的角度提出了多重差异理论（Multiple Discrepancies Theory，MDT），这是对生活质量新的解释。多重差异理论认为，生活质量是人们对各种"参考标准"之间比较差距的感知（Michalos，1985）。换句话说，人们对生活质量的评价是基于自己与他人、现实与值得的、现实与需要的、现实与计划的、现实与未来的以及现实与过去最好的之间的比较差距（Blore et al.，2011）。1986 年米克劳斯又补充了两个参考标准：一是现实与现在期望的差距；二是现实与未来期望的差距（Michalos，1986）。在此基础之上，之后的研究加入了现实的与想要的（Michalos et al.，2007）、自己与亲戚的、自己与朋友的、自己与最低可接受结果等（Meadow et al.，1992）。该理论在过去几十年经受了大量的实证检验，在作为预测因子的 7 个差异变量中，自我－期望变量预测力和解释力最强，其次是自我－他人变量和自我－最佳变量（Michalos，1986）。多重差异理论一般能够稳定地解释总体生活质量变异的 50% 以上（Schulz，1995），但是在解释某些特定群体时，其解释力也可能低于 50%（Michalos，1986）。

多重差异理论揭示了认知方式和心理因素对生活质量的影响。也就是说，生活质量是个体将目前的生活状况与多种参照标准进行比较后权衡的结果。这些参照标准包括过去的生活、近距离的参照群体、远距离的参照群体、未来的生活和理想的生活等。如果个体比较后发现当前的生活状况比参照标准更好，会有较高的生活满意度。反之，如果比较后发现目前的生活状况与参照标准相比较差，则会产生较低的满意度。因此，在生活质量研究中，应考虑将心理因素作为中介变量，纳入影响因素的模型中，从而揭示外部环境与内部因素相互作用的机制。

（五）匹配理论

20世纪初，帕森斯（Frank Parsons）在关于职业决策的帕森斯环境匹配模型（Model of Person-Environment Fit）的基础上提出了要求-能力匹配（Demands-Abilities fit，D-A fit）和需求-供给匹配（Needs-Supplies fit，N-S fit）。其中，需求-供给匹配主要是涉及个人兴趣、目标及工作优缺点，未来机遇与期望之间的相互满意度。在需求-供给概念基础上，Kristof（1996）将需求-供给匹配定义为一个人的需求与环境供应之间的一致性，对态度和福祉等结果存在较大影响。需求-供给匹配可以分为感觉匹配、主观匹配和客观匹配三种类型。对于感觉匹配一般采用直接测量的方式，这种方式操作简单并且与个体的结果变量有显著关系，但容易受到一致性偏见的困扰，因此在实际应用中，许多学者质疑这种方法。个人层面的间接测量是与主观匹配相对应的，跨层面的间接测量是和客观匹配相对应的（Arthur et al.，2006）。在需求-供给匹配上究竟是采用直接测量还是采用间接测量，还存在一些争议。在实际的研究中，如果只使用一种测量方法往往会显得单薄，不够有力，因此为了增强说服力和研究效果，在同一个研究中可以考虑选择使用多种测量方式以消除研究中的偏差。如果是直接测量，那么根据被试的回答就能直接得出匹配度。如果是间接测量，常见的方法有多项回归法、差值法以及相关系数法等。研究表明，影响需求-供给匹配的因素有：个体因素、文化因素、环境因素。其中，个体因素包括个人的价值观、员工个性、追求目标等几个方面，且个人价值观是个体因素中最重要的组成部分，同时也是影响需求-供给匹配的重要因素。

从已有研究来看，人与环境（P-E）的匹配是匹配理论研究的焦点。人与环境匹配理论基于这样的假设，即行为表现是人与环境之间相互作用的函数。人与环境的良好匹配会提高心理健康水平，有助于提升个人自信心和满足感。相反，不良的匹配则会出现消极的结果，如生活满意度和幸福感较低、身心不适以及吸烟和饮酒等不良行为增加。人与环境匹配理论包含个人的特征和环境属性两个基本概念。目前，基于人与环境匹配理论开展的学术研究大致可以分为两种，第一种是主观人与客观人之间的环境研究，客观人特指人身上固有的属性，主观人特指自身对于属性的感知。第二种是客观环境与主观环境之间的研究，客观环境是指不被人的感知所影响的物理和社会事件，主观环境则是人所感知到的情境与事件。当环境的回报或供给与当前个体的需要或期望相符时，人与环境就实现了匹配。

匹配理论说明，一方面，客观供给与主观需求之间的契合程度对生活质量与幸福感具有重要影响。因此，有必要对两者之间的匹配关系及其对生活质量的影响进行研究。另一方面，个体层面的研究可以采取间接测量（如差值法）的方式。

（六）社会生态系统理论

2004 年，扎斯特罗（Charles H. Zastrow）与柯斯特-阿什曼（Karen K. Kirst-Ashman）合作出版了《人类行为与社会环境》一书，分析了人类行为与社会环境之间的多个系统及其相互之间的影响。他们把人的社会生态系统分为微观系统、中观系统和宏观系统。其中，微观系统是指个人，是包含个体生理、心理和社会特征的系统。中观系统是指与个体有关联的小规模群体，包括家庭、职业群体和其他社会群体。微观系统（个人）的问题和中观系统（小规模群体）的问题在评估时很难区分，这是因为个人与其他亲密的人紧密联系。宏观系统是指比小规模群体范围大一些的系统，包括影响人们整体获得资源和生活质量的社会、政治和经济的状况与政策。社会生态系统理论强调个体嵌套在多个社会环境系统之中，与中观系统、宏观系统发生着或强或弱的相互作用（扎斯特罗、柯斯特-阿什曼，2006：17）。

对生活质量影响因素及其作用机制的考量应采取社会生态系统理论的分析框架。留守老人的生理、心理和社会特征构成其微观系统，他们的家庭与亲戚、朋友、邻居这些小群体构成其中观系统，而宏观系统则包括他们所处的更大范围的社区环境、政策环境等。留守老人的微观系统与中观系统相互作用，个人的行为会受到家庭（配偶、子女）和其他小规模群体的影响，反之，这些小规模群体也会受到个体的影响。另外，个人微观系统也受到社会环境中与之互动的宏观系统的重要影响。如公共福利政策中可利用的资源与资源的分配方式；社区可以提供的服务与支持。提供福利的政策环境与提供支持的社区环境之间相互影响与相互作用。政策系统可以决定居民能够得到的资源，同样，社区居民的问题与需求也影响着服务的性质与分配。

三 研究设计

（一）研究思路

生活质量研究的兴起标志着社会发展观的转变，社会发展目标已从以经济增长为核心转向以提高人们的生活质量与幸福感为核心。但在生活质量的理论研究中始终存在一些难以突破的问题。

首先，关于生活质量概念的界定是不确定的。一方面，这一术语涉及不同社会、经济、文化背景的差异，难以给出确切的定义；另一方面，生活质量关系到个体需求的满足程度，而人类的需求是多层次和不断变化的，既有普遍性，也因群体不同而有差异性。因此，综合考虑以上因素对生活质量进行规范化的定义具有重要的理论意义。

其次，对于生活质量的测量一直存在主客观之间的争议与矛盾。生活质量指标的操作化，既要反映宏观层面上的社会总体状况或社会结构变迁，又要测量微观层面的个体生活质量或某些特殊的社会问题（周长城、刘红霞，2011）。使用客观指标是通过将实际生活条件与价值观或目标等规范标准进行比较，判断生活条件是有利的还是不利的（Noll，1996）。但是客观指标与个人对任何特定生活领域相关条件的感知之间并不存在直接和紧密的联系（Lee and Marans，1980）。相反，主观社会指标的使用前提是：福利最终是由公民个人感知的，并且可以由他们来做出最好的判断。正如美国著名的生活质量研究者安格斯·坎贝尔曾经说过的那样，"生活质量必须在生活者的眼中"（Campbell，1972）。因此，西方发达国家的大多数学者更偏好从主观感受来理解生活质量（风笑天、易松国，2000）。由于主客观研究的视角不同，而且两者之间没有紧密的关联，仅从客观或主观的单一层面测量生活质量是不全面的。因此，本书致力于构建主客观结合的生活质量指标体系与主观生活质量多维度综合指数，以回应这一难题。具体做法是，在构建留守老人主观生活质量指标体系的同时，在每个维度设置与主观指标相对应的客观指标。此外，生活质量指标的主要功能是衡量社会福利水平，因此可以反映现代化综合进程中居民生活水平的状况。在使用客观指标衡量福利时，福利被理解为对资源的获取，资源包括金钱、财产、知识、精神和物质能力、社会关系、安全等（Erikson and Uusitalo，1987：189）。采用主观指标时，福利被定义为生活满意度或主观幸福感。客观指标和主观指标之间的关系有四种组合，即两种一致的组合——主客观指标同高与主客观指标同低，以及两种不一致的组合——主观指标高、客观指标低和主观指标低、客观指标高。这些有趣的现象值得挖掘与探究。

最后，生活质量的高低反映了个体需求的满足程度。个体的需求与其生理与心理特征有关，同时也受到社会、经济、文化等因素制约。因此，不同性别、年龄、地区留守老人的生活需求既有共性也有差别，有必要对不同留守老人生活质量的差异性进行深入分析。这不仅能够弥补生活质量研究领域比较研究的不足，也可以为增强政策制定的针对性和有效性提供依据。

（二）研究方法

本书主要通过问卷调查法获取研究数据，同时结合文献研究法和访谈法搜集质性资料，采用定量为主、定性为辅的研究方法。本书对我国东部、中部、西部有代表性的农村地区进行大规模抽样问卷调查，运用 SPSS 25.0 和 AMOS 23.0 对数据进行处理与分析。采用模型拟合与比较研究的方法进行实证研究。

结构方程模型（SEM）可以处理无法直接被测量的假设构念，并允许测量误差或残差项的存在。生活质量是一个抽象和模糊的概念，具有难以直接测量的特征，因此本书运用 SEM 构建农村留守老人生活质量指标体系，对预设的生活质量概念模型进行检验。

本书利用问卷调查数据和典型的个案访谈信息，全面描述农村留守老人生活质量的主客观状况及存在的问题，并且从物质、健康、社会参与、非正式社会支持、正式社会支持、生活环境和精神生活 7 个维度测度农村留守老人的生活质量，进而提出提高留守老人多维度生活质量的主要途径与政策措施。

　　通过 t 检验和方差分析对不同性别、年龄和地区留守老人生活质量的组群差异进行比较研究，探讨留守老人生活质量的群体特征，试图为相关政策的制定提供科学依据，以增强政策的针对性与实效性。

第三章　农村留守老人生活质量调查

一　调查方法

本书使用的数据源于 2017 年 6~7 月和 2018 年 7~8 月在中国东部、中部、西部农村地区进行的实地调查。调查对象为农村留守老人，即子女全部外出打工、不与子女一起居住的 60 岁及以上的农村空巢老人。调查采用简单随机抽样、整群抽样和便利抽样相结合的方法。首先，利用随机数字表，在东部、中部和西部三个不同的区域中，每一个区域随机选取一个省份。其次，由于省内各县（市）间、县（市）内各镇（村）间同质性较高，便利抽样法在保证代表性方面可接受，使调查更具可行性，因此采取简单随机抽样和便利抽样结合的方法，选取了基层政府能够协助开展调查的县（市）。最后，村级单位采取整群抽样的方法，进行入户调查或集中在村委会进行调查。调查由受过培训的访员进行一对一的面谈，根据被访者的回答填写问卷。共发放问卷 1106 份，回收有效问卷 1016 份，有效率 91.9%。这是一个大样本的调查，缺失率为 8.1%（小于 10%），不会对本书的分析产生明显的影响。

横断面调查地主要包括湖北省的 Y 市、陕西省的 M 县以及广东省的 J 市。Y 市位于湖北省中部，2016 年人均 GDP 为 39019 元，人口为 66.6 万人。M 县位于陕西省南部，2014 年人均 GDP 为 26153 元，人口为 42.6 万。J 市位于广东省东南部，2017 年人均 GDP 为 35327 元，人口为 608.6 万。考虑社会经济发展的地区差异，上述三个省份分别为我国中部、西部和东部的代表地区。根据《中国统计年鉴-2018》（国家统计局，2018）数据，2017 年广东省、湖北省和陕西省 60 岁及以上的老年人口比重分别为 7.8%、12.2% 和 11.1%。第七次全国人口普查数据显示，2020 年调查选取的湖北省、陕西省 60 岁及以上的老年人口占比分别为 20.42% 和 19.2%，均高于全国 18.7% 的平均水平。由于年轻劳动力大量涌入珠三角地区，广东省的老龄化水平低于全国平均水平（12.35%）。Y 市、M 县和 J 市 60 岁及以上的老年人口比例分别为 23.87%、26.55% 和 16.11%，调查县（市）的老龄化水平均高于所属省份的老龄化水平。调查选取的 3 个县（市）也有大量农村劳动者外出务工，说明这些地区具有代表性。

二　调查地概况

（一）调查社区的分布状况与老年人口年龄结构

1. 调查社区的分布状况

本书的实地调查在中国的东部、中部和西部三个地区展开，分别选择了湖北省（中部）、陕西省（西部）、广东省（东部）作为省级调研单位。一共对 27 个村进行了深入实地的调查研究。根据实际情况，在湖北省 Y 市选取了 CB 镇和 DM 坊镇两个乡镇下辖的 12 个村作为调查社区。在陕西省 M 县选取了 DJS 镇、FC 镇、WQ 镇、YD 镇、ZJS 镇五个乡镇作为调研地，共抽取 7 个村作为调查社区。在广东省 DD 镇共选取了 8 个村作为调查社区。

2. 调查社区的老年人口年龄结构

表 3-1 和表 3-2 是调查社区老年人口的年龄结构表①。如表 3-1 所示，湖北省调查社区的老年人口占总人口数的比重为 17.82%。调查社区老龄化水平最高为 37.05%，最低为 9.24%。从年龄结构看，60~69 岁的老年人口最多，占比为 59.52%，其次是 70~79 岁的老年人口，占比为 30.53%，80 岁及以上的老年人口占比为 9.95%。在三个年龄段的老年人口中，男女比例基本持平。其中，在 60~69 岁的老年人口中，男性老年人的比重为 53.32%，高出女性老年人 6.64 个百分点。而在 70~79 岁和 80

---

① 因缺乏相关人员的协助，广东省的社区问卷调查未能按预期进行，因此缺失广东省的社区信息。

岁及以上两个年龄段中，女性老年人口的比重分别为 52.40% 和 50.62%，均高于男性的比重。

表 3-1 湖北省调查社区老年人口年龄结构（2017 年）

单位：人，%

村庄	60~69 岁			70~79 岁			80 岁及以上			老年人口数	总人口数	老年人口占比
	人口数	男性比例	女性比例	人口数	男性比例	女性比例	人口数	男性比例	女性比例			
HW 村	265	50.94	49.06	112	55.36	44.64	38	39.47	60.53	415	1120	37.05
ZF 村	770	57.00	43.00	580	46.00	54.00	120	42.00	58.00	1470	8225	17.87
DH 村	282	55.00	45.00	140	49.75	50.25	46	46.00	54.00	468	1845	25.37
BY 村	210	53.00	47.00	91	55.00	45.00	39	59.00	41.00	340	3680	9.24
JD 村	120	52.00	48.00	67	35.00	65.00	45	80.00	20.00	232	2254	10.29
HT 村	386	60.10	39.90	87	59.77	40.23	53	60.38	39.62	526	2550	20.63
WX 村	82	48.78	51.22	30	46.67	53.33	10	30.00	70.00	122	704	17.33
XD 村	182	49.45	50.55	48	43.75	56.25	23	43.48	56.52	253	1717	14.74
GE 村	80	47.67	52.33	42	48.21	51.79	17	41.26	58.74	139	682	20.38
ZQ 村	109	48.62	51.38	131	46.56	53.44	25	39.84	60.16	265	949	27.92
AD 村	209	48.33	51.67	51	45.10	54.90	30	60.00	40.00	290	1596	18.17
LC 村	159	40.88	59.12	85	40.00	60.00	31	32.26	67.74	275	1580	17.41
合计	2854	53.32	46.68	1464	47.60	52.40	477	49.38	50.62	4795	26902	17.82

资料来源：根据社区调查问卷有关数据整理。

由表 3-2 可知，陕西省调查社区的老年人口占总人口数的比重为 21.56%。各个社区的老龄化程度不一，老龄化程度最低的社区老年人口的比重为 17.34%，老龄化程度最高的社区老年人口的比重为 23.22%。从年龄结构看，不同年龄段的老年人口比重随年龄增长逐渐降低，低龄老龄化特征明显。60~69 岁的低龄老人人数为 2008 人，占老年人口总数的比重为 56.95%；70~79 岁的中龄老人人数为 1099 人，占比 31.17%；80 岁及以上的高龄老人占比为 11.88%。从性别看，女性老人在各年龄段的比重随着年龄增长逐步增加。女性老人在低龄老人、中龄老人和高龄老人中的占比分别为 46.12%、49.50% 和 51.07%。

表 3-2　陕西省调查社区老年人口年龄结构（2017 年）

单位：人，%

村庄	60~69 岁			70~79 岁			80 岁及以上			老年人口数	总人口数	老年人口占比
	人口数	男性比例	女性比例	人口数	男性比例	女性比例	人口数	男性比例	女性比例			
HLY 村	350	52.80	47.20	180	46.60	53.40	89	48.3	51.70	619	3030	20.43
LJW 村	120	58.00	42.00	115	53.00	47.00	21	48	52.00	256	1476	17.34
FC 社区	242	50.00	50.00	125	57.00	43.00	63	48	52.00	430	2070	20.77
XHM 村	112	65.00	35.00	98	48.00	52.00	41	54	46.00	251	1087	23.09
LJS 村	421	58.00	42.00	185	55.00	45.00	24	60	40.00	630	2774	22.71
YJP 村	219	56.00	44.00	108	45.40	54.60	62	46.7	53.30	389	1675	23.22
LQY 社区	544	49.00	51.00	288	49.00	51.00	119	47	53.00	951	4239	22.43
合计	2008	53.88	46.12	1099	50.50	49.50	419	48.93	51.07	3526	16351	21.56

资料来源：根据社区调查问卷有关数据整理。

（二）调查社区的公共服务状况

调查社区的养老服务与医疗服务尚未普及，大部分地区缺乏养老服务和医疗服务项目。调查发现，只有极少数农村社区建立了日间照料中心这类社区养老服务机构。日间照料中心是一种针对老年人的"在白天接受照顾和参与活动，晚上回家享受家庭生活"的社区居家养老服务新模式。湖北省 Y 市 ZF 村有一家私人经营的日间照料中心，为老年人提供有偿照料服务。另外，该村还有一个政府拨款的养老院，为老年人提供养老服务。BY 村将五保老人集中到镇上福利院养老。陕西省 M 县 LQY 社区建立了 1 个日间照料中心，成立了 1 个村民互助养老组织，经费主要来自县政府的拨款和村集体经济的结余资金。据调查，该社区为老年人提供的养老服务有日常膳食供应、休闲娱乐、照料服务等。另外，XHM 村和 YJP 村都设置了幸福院。

在医疗服务方面，调查地的每个村庄都设置了村卫生室，村民看病比较方便。但只有部分村提供了健康宣传、免费体检等医疗服务项目。在湖北省 Y 市 HW 村、ZF 村、AD 村和 ZQ 村，65 岁以上的老人可享受免费的健康体检。其中，ZF 村还为村民提供了针对高血压、糖尿病、肺结核、精神病患者的免费检查项目。BY 村为村民提供了定期体检的医疗服务项目。XD 村的医疗服务项目比较丰富，给老年人提供健康体检以及定期进行随访，并且能够对老年人进行认知能力评估，村中还设有中医中药服务项目。陕西省 M 县 LQY 社区为老年人提供了保健宣传、义诊服务、中医中药服务、定期免费体检等项目齐全的医疗服务。LJS 村提供了免费测血糖和血压的医疗服务。HLY 村的村级卫生室为老年人提供了不定期的免费体检。

（三）调查社区的基础设施状况

1998 年以来，我国组织实施了广播电视村村通工程，以解决部分村庄无法收听广播、无法收看电视的问题。2004 年，信息产业部下发了《关于在部分省区开展村通工程试点工作的通知》，村村通工程开始实施。"村村通"是一个国家系统工程，它包括公路、电力、生活和饮用水、电话网、有线电视网、互联网等方面。调查地的基础设施建设情况如表 3-3 和表 3-4 所示。

表 3-3　湖北省调查地基础设施建设情况

	BY 村	HT 村	DH 村	ZF 村	HW 村	ZQ 村	XD 村	LC 村	WX 村	GE 村	JD 村	AD 村
通电	×	√	√	√	√	√	√	√	√	√	√	√
通自来水	√	√	√	√	√	√	√	√	√	√	√	√
通公路	√	√	√	√	√	√	√	√	√	√	√	√
通电话	√	√	√	√	√	√	√	√	√	√	√	√
通邮	×	√	√	√	√	√	√	√	√	√	√	√
通广播	×	√	√	√	×	×	√	√	√	×	√	√
通互联网	√	√	√	√	√	√	√	√	√	√	√	√
通有线电视	√	√	√	√	√	√	√	√	√	√	√	√
农田水利设施	√	√	√	√	√	√	√	√	√	×	√	√

资料来源：根据社区调查问卷有关数据整理。

表 3-4　陕西省调查地基础设施建设情况

	LQY 社区	LJS 村	HLY 村	XHM 村	FC 社区	LJW 村	YJP 村
通电	√	√	√	√	√	√	√
通自来水	√	√	√	√	√	√	√
通公路	√	√	√	√	√	√	√
通电话	√	√	√	√	√	√	√
通邮	√	√	√	√	√	√	√
通广播	√	√	√	√	√	√	√
通互联网	√	√	√	√	√	√	√
通有线电视	√	√	√	√	√	√	√
农田水利设施	√	√	√	√	√	√	√

资料来源：根据社区调查问卷有关数据整理。

　　实地调查发现，湖北省调查村庄的基础设施较为完善，大部分村庄实现了通电、通自来水、通公路、通电话、通邮、通广播、通互联网、通有线电视以及农田水利设施（小水窖、小水池、小泵站、小塘坝、小水渠）的建设。少数村庄的基础设施仍需完善，如一些村尚未开通广播设施，个别村缺乏邮政设施和农田水利设施（见表 3-3）。表 3-4 显示了陕西省调查地的基础设施建设情况。调查发现，陕西省 M 县 5 个乡镇下辖的 7 个村已经全部通电、通自来水、通公路、通电话、通邮、通广播、通互联网、通有线电视与修建农田水利设施。调查表明，陕西省调查地的基础设施建设情况比较好。

　　在道路交通方面，湖北省 Y 市 HW 村、ZF 村、DH 村、BY 村、JD 村、HT 村 6 个村庄都实现了道路硬化。WX 村、XD 村、GE 村、ZQ 村、AD 村、LC 村也都修建了通村公路。ZF 村投入 30 万元安装亮化路灯，AD 村也投入 10 多万元安装太阳能路灯。陕西省 M 县 LJW 村进行了村级道路拓宽、机耕路硬化以及实施了绿化亮化美化工程。

　　在饮用水方面，调查地大部分村庄都已投资了自来水管的建设，实施农村安全饮水工程，水质、水量、供水、用水得到保障，农村饮水安全问题基本得到解决。如 M 县 XHM 村自脱贫攻坚开展以来投资 35 万元，建设了全村人饮工程，项目运行良好，水质达标。

　　在通信方面，湖北省调查地 12 个村庄都开通了有线电视，以及互联网。例如：Y 市 ZF 村架通了 5 个村民小组的有线电视；BY 村不仅实现了下辖的 12 个自然湾开通有线电视，一半的家庭也都安装了电脑；HT 村更是基本上实现了户户有手机、家家有彩电，全村约有 1/3 的家庭安装了电脑。另外，调查地社区基本上都建设了村级老年活动场所。

（四）小结

调查结果显示，所调查的大部分农村社区基础设施建设较为完善，基本上都实施了农村安全饮水工程，修建了农田水利设施，村民的基本生活需求能够得到满足，通村公路的建设也使村民的生活更加便利。调查地全部安装了有线电视以及互联网设施，村民的文化生活需求也能够得到满足。调查发现，调查地养老机构与社会组织缺乏，养老服务项目和医疗服务项目不太完善。社区照顾和社区公共服务发展缓慢，缺乏相关的针对居家养老、日间照料和紧急援助的服务项目，同时几乎没有专业的社会工作者以及对养老服务人员的专业培训。农村家庭支持功能逐渐弱化，农村老年人口亟须社会化和专业化的生活照料和康复护理服务，因此调查地的养老服务和医疗服务仍有待加强。

第四章 农村留守老人生活质量
指标体系的构建

一 留守老人生活质量的内涵

"生活质量"这个术语引入研究概念时，如果不在思维和措辞上赋予其一个清晰定义和严格的学科属性，它就会成为一种不确定的工具。虽然生活质量研究已经吸引了经济学、社会学、心理学等多个学科的广泛关注，但是由于生活本身就是一个内涵与外延都非常宽泛的概念，因此生活质量的定义难以统一。尽管学术界尚未形成对生活质量概念的统一界定，但普遍达成了以下共识。

第一，生活质量是一个多维度的概念。世界卫生组织生活质量研究组指出，生活质量是一个宽泛的概念，以一种复杂的方式将个体的生理状况、心理状况、社会关系、个人信仰与其所处的文化和价值体系相关联。生活质量涉及个体对其重要生活领域的评价。这些生活领域的确定既与个体所生活的外部环境相关，如制度因素、经济因素、文化因素等，也与其个体特征有关联，如生理和心理特征等。

第二，生活质量的概念具有共性和特殊性。生活质量的共性表现：一方面，作为"社会人"的个体所处的社会与文化环境具有相似性，因而个体的需求也具有一致性的特点；另一方面，作为生理存在的个体，具有人类所共有的普遍性的需求。生活质量的特殊性在于，个体所处的社会、文化与制度环境的差异性导致其需求以及满足需求的方式不同。也就是说，具体生活领域的构成要素因个体特征而不同，但在不同的文化和群体中有相似的结构。

第三，生活质量内涵的界定需要主客观相结合。生活质量的主客观测量一直存在争论，导致生活质量的定义模糊。客观和主观维度之间的相关性较低，这要求在测量生活质量时同时考虑客观和主观方面（Soleimani et al.，2014）。客观指标和主观指标衡量的是生活质量的不同方面。客观指标可以反映社会的变迁，便于进行横向和纵向的比较分析；主观指标可以直接反映人们的意向和态度，从而引导社会政策的制定与实施。因此，对生活质量概念进行操作化时应采用这两种类型的指标。全面地研究生活质量需要将两者结合起来运用。

在科学研究中，对概念的详述依赖于名义定义和操作定义（巴比，2005：122）。名义定义是指某个术语被赋予的意义，它反映了使用某一特定术语的某种共识或者惯例。操作定义是指对概念的测量，它可以使被研究的概念，尤其是在含义上模糊和有争议的概念更加清晰。操作定义包含对构成概念的维度与指标的描述。

概念化生活质量的过程包括三个步骤：一是对生活质量的概念给予一个名义定义；二是在名义定义的基础上，给予更加具体的、可观察的操作定义；三是实际测量，实际上是对操作定义的检验（见图 4-1）。本书将尝试提出留守老人生活质量的名义定义和操作定义，并通过实证分析对该定义进行检验（巴比，2005：124）。

图 4-1　生活质量的概念化流程

根据上述原则，结合已有的文献，本书认为农村留守老人的生活质量是指：农村留守老人对其生活重要需求的客观供给状况与主观感知的满足状况的综合评价。其中，重要生活需求是基于健康老龄化与积极老龄化理念构建的多维度因素，包括与"健康"相关的生理需求，即物质需求与健康需求；与"参与"相关的精神需求，即社会参与需求和精神生活需求；与"保障"相关的社会需求，即对非正式社会支持、正式社会支持及生活环境的需求。因此，从操作层面看，留守老人的生活质量是指：留守老人根据个体内在的标准对基本的生理需求、参与社会的精神需求与获得保障的社会需求的满足状况的综合评价。下文将对留守老人生活质量的维度与指标进行详细的解释。

二　留守老人生活质量指标体系构建

（一）指标体系的设计思路

根据对农村留守老人生活质量内涵的界定，本书选取了与留守老人生活息息相关的七个维度来全面反映留守老人的生活质量。具体包括物质、健康、社会参与、非正式社会支持、正式社会支持、生活环境、精神生活七个方面。

本书在生活质量指标体系的设计上采取了主客观相结合的方法。风笑天（2007）对1980~2007年关于生活质量的研究进行梳理后发现：对客观生活质量和主观生活质量关系进行分析探讨的理论研究较少，两者相结合的综合性研究有利于更好地了解生活质量的影响因素及其作用机制，同时也能大幅提升国内生活质量研究的整体水平。本书尝试用主观生活质量的重要性来确定客观生活质量的权重，从而全面评估农村留守老人的生活质量。

本书除了构建主客观相结合的评价指标体系，还设置了相对应的29个需求指标，测量与生活质量密切相关的具体生活需求的重要性程度，为有针对性地制定与完善相关政策提供科学依据，从而切实提高农村留守老人的生活质量。首先，马斯洛需求层次理论认为生理需要在所有需要中占绝对优势，基本需要与表面的欲望或行为相比更加为人类所共有。人类动机生活组织的主要原理是基本需要按照优势或力量的强弱排成等级，即当基本需求被满足后，其他高级需求就会产生。其次，需求的满足有利于人的全面发展。对安全的需求是人想要一个安稳的可以预见的有秩序的生活的本能。安全的需求得到满足会让人拥有更安稳的睡眠，变得大胆、勇敢；另外，归宿和爱、自尊需要的满足会产生深情、自尊、自信、可靠等心理特性；自我实现需要的出现依赖于生理、安全、归属和爱、自尊需要的满足；不断满足人的需要，也是不断提升人的心理健康程度。生活在高级需要的水平上，意味着更大的生物效能、更长的寿命、更少的疾病等。追求和满足高级需求代表了一种脱离心理病态的普遍的健康趋势。从不同需求之间的关系来看，高级需求和低级需求的满足不是对立的，而是趋向一致的。任何真正的需要的满足都有助于个人的进步和健康发展，都是在自我实现的路上前进了一步。高级需求的满足比低级需求的满足更接近自我实现。对健康的人来说需要的满足是和社会融合一致的，具有有益于公众和社会的效果。

(二) 测量维度与指标的选取

1. 物质维度的指标框架

物质维度设置了4个一级指标和8个二级客观指标。一级指标是与农村留守老人密切相关的收入、消费、住房和生活设施指标。各指标的具体含义分析如下。

收入是个人开展经济、社会活动的基础。收入和生活质量呈正相关关系。收入的客观指标不用国民平均收入来衡量，而是从个体层面来获取收入数据信息，主要是考虑到尽管我国国民平均收入提高，但人均收入水平可能掩盖了收入分配中的不平等。美国学者伊斯特林（Easterlin，1974）曾提出著名的"伊斯特林悖论"，即国民平均收入的改变和幸福感之间没有明显的关联。1946～1991年，美国的人均收入增加了2.5倍，但伴随着平均幸福感水平的降低。如果以3分的方式衡量，1946年的平均幸福感水平为2.4分，而收入增加了2.5倍的1991年的平均幸福感水平却降到了2.2分（弗雷、斯塔特勒，2006：86）。在研究个人的物质生活时不仅要了解个体的收入水平，还要关注生活资源的来源及它们之间的关联。对收入来源的分析是评估经济发展水平、制定社会发展政策的重要依据。物质生活保障需要稳定的收入来源和能满足基本生活需求的收入水平，所以应从收入来源和收入水平两个方面来分析农村留守老人的收入状况。

消费指标是测量老人的消费支出状况。消费包括满足日常主要需求的支出情况。饮食是人类生存的第一要素，食品开支是衡量生活水平的重要指标。恩格尔定律展示了食品开支与总消费支出之间的关系。收入水平提高后，食品开支占总消费支出的比例会下降，满足其他需求的开支会相应增加，从而生活水平得到提升。随着年龄的增长，老年人对医疗开支的需求不断增加，患有慢性病会增加经济支出，间接加剧经济状况的恶化（陈娜等，2012），降低老年人的生活质量。医疗开支是老年人消费支出压力产生的重要原因。因此，消费维度设置了食品开支和医疗开支作为二级客观指标。

　　住房不仅是基本的物质需求，也具有提供安全感和个人空间的心理意义。居住条件对老年人的身体和心理健康都有影响。与居住满意度关系较为密切的因素有两个：一是住房的数量，即住房面积、间数；二是住房质量，主要是指厕所、自来水等住房设施（易松国、风笑天，1999）。2011年，经济合作与发展组织（OECD）推出生活质量指数，将人均房间数量纳入物质生活条件指数的指标中。《2020年中国居民居住目标预测研究报告》给出了我国城镇小康之家的住房标准，包括主卧面积等具体指标。因此，在住房的二级客观指标中设置了人均住房间数和卧室面积这两个指标，用以评价留守老人的住房状况。

　　生活设施反映的是日常生活的便利度和舒适度。其中，最基本的条件是要具备基础卫生设施。缺失基础卫生设施对个人的健康和尊严有害。在满足基本居住需求后，人们向提升居住质量的方向转变，对家电等电器用品及现代化通信设施的增添反映了收入提高后的消费结构升级。电视、冰箱、洗衣机、空调、燃气灶和移动电话等生活设施的配备可以提高生活品质。生活设施的二级客观指标包括是否拥有室内卫生间和生活设施的数量，以反映留守老人的住房质量。

　　物质维度的指标框架如表4-1所示。

表4-1　物质维度的指标框架

一级指标	二级指标		
	评价指标		需求指标
	客观指标	主观指标	
收入	个人收入 家庭收入	收入满意度	收入需求
消费	食品开支 医疗开支	食品开支满意度 医疗开支满意度	食品开支需求 医疗开支需求
住房	人均住房间数 卧室面积	住房满意度	住房需求
生活设施	是否拥有室内卫生间 生活设施的数量	生活设施满意度	生活设施需求

2. 健康维度的指标框架

　　健康是提升生活质量的重要基础，并且影响个人实现生理功能与社会功能的可能性。健康维度选取了 2 个一级指标，分别涉及身体健康和心理健康。

　　老年人的身体健康多用身体功能指标和患病状况来测量。关于身体功能这一指标，本书采用国际通用的测量老年人两个方面重要功能的 ADL（Activities of Daily Living）量表和 IADL 量表（Instrumental Activities of Daily Living）来度量。Katz ADL 指数是被广泛应用于评估高龄体弱老人的基本日常生活自理能力的指数，其评价内容包括六项自我照顾功能的总体表现，即洗澡、穿衣、饮食、室内走动、上厕所、控制大小便。该指数允许根据个人表现的适当性进行排名（Katz et al.，1963）。为了评价老年人在现代社会环境中所需要的更为复杂的生活行为能力，Lawton 和 Brody（1969）创立了日常生活工具性活动能力评价量表，即 Lawton IADL 指数。这一指数包括打电话、购物、做饭、做家务、洗衣、使用交通工具、服药和理财八个项目。有效的功能测评工具应是系统评估方法的一部分，应在各种环境中都有用，并能适应各种目标（Lawton，1968）。因此，本书从这两个量表中选取了与中国农村留守老人密切相关的子项，通过调查评分判断其身体功能状况。日常生活自理能力与工具性活动能力对农村留守老人的生活影响是多方面的。身体功能低下使老年人缺乏获取劳动收入的能力，并且增加了照料和医疗方面的生活成本，进而对老年人的心理健康产生了负面影响。患病情况可以通过自我报告的慢性病进行测量。调查的疾病类型包括呼吸系统疾病、消化系统疾病、循环系统疾病、内分泌和代谢疾病、泌尿生殖系统疾病、恶性肿瘤、关节炎 7 类慢性病。前 6 类疾病是造成中国农村老年人口寿命损失的主要疾病[1]，关节炎是调查地患病率较高的疾病。吴振云（2003）在研究中提到：70%～80% 的老年疾病与心理因素有关，心理因素对身心健康的影响越来越突出。因此，身体健康设置了身体功能、患病情况 2 个二级客观指标，同时结合心理健康量表的测量，全面评估农村留守老人的健康状况。客观的慢性疾病患病情况与主观的自评健康在评估生理健康时存在差异，主客观相结合有利于全面评估人的健康水平（程悦等，2020）。

---

[1]　本书调查的疾病类型是根据《全国疾病预防控制规范（2001 版）》的判定标准、调研的实际情况以及健康老龄化与老年健康支持体系研究课题组的研究结论确定。

心理健康是衡量老年人口健康状况和生活质量的重要心理指标。老年人处于生命历程的晚期，慢性疾病、失能等衰老性疾病累积的压力，以及亲友离世等突发的压力性事件都容易对其心理健康产生负面影响。心理健康的测量对于评价老年人口的生活质量尤为重要。美国心理学家 Brinkt 和 Yesavage 于 1982 年编制了用于测量老年人抑郁水平的老年抑郁量表（Geriatric Depression Scale，GDS）。为便于操作，1986 年，Sheikh 和 Yesavage 在 30 个项目的标准版本基础上设计了简版老年抑郁量表（GDS-15）。在一项测试中，被试同时接受了两种版本的 GDS，即用于自我评定抑郁症状的完整版 GDS（GDS-30）和简化版 GDS（GDS-15）。两种版本的量表都能成功区分抑郁和非抑郁被试，相关性很高（Sheikh and Yesavage，1986）。这些初步数据表明，GDS-15 也可被用作抑郁症的筛查工具，而且因操作省时（完成只需 5~7 分钟）更受欢迎。该量表在国际上被广泛用于老年人心理健康的测量，其信效度也被临床工作者和研究者检验后认可（de Craen et al.，2003；梅锦荣，1999）。在中国城乡老年人口样本中的检验发现，GDS-15 量表内部一致性 Gronbach's α 系数为 0.793，一周重测信度为 0.728，量表有较好的信度和区分效度，可直接用于中国老年人口的抑郁症筛查（唐丹等，2006）。因此，本书采用简版老年抑郁量表（GDS-15）测量农村留守老人的心理健康状况。

健康维度的指标框架如表 4-2 所示。

表 4-2　健康维度的指标框架

一级指标	二级指标		
	评价指标		需求指标
	客观指标	主观指标	
身体健康	身体功能 患病情况	身体健康满意度	身体健康需求
心理健康	心理健康	心理健康满意度	心理健康需求

3. 社会参与维度的指标框架

社会参与维度包括劳动参与和休闲参与 2 个一级指标，其中劳动参与设置了 3 个二级客观指标，休闲参与也包含 3 个二级客观指标。

　　在农村地区的调查发现，在务农群体中，60 岁以上的留守老人中有 55% 仍在从事务农活动。其中，男性老年人和女性老年人参与农业劳动的比例分别为 63.2% 和 47.0%，农业劳动力老龄化现象明显（柯燕、周长城，2022）。在城市化转型的进程中，随着农村青壮年劳动力的流失，农村留守老人不仅承担了农业生产劳动，在农闲时也会根据身体条件、经济状况从事打工劳动。此外，青壮年去外地工作后往往将年幼的下一代托付给父母照顾，留守老人和留守儿童成为农村常态，照看孙辈成为留守老人日常家务劳动的重要部分。因此，劳动参与维度设置了农业劳动、打工劳动和照顾孙辈 3 个二级客观指标。

　　闲暇时间所体验到的生活乐趣是衡量生活质量的重要部分。老年人的休闲生活通常包括个人的休闲活动和社区组织的休闲活动。社区的休闲场所、休闲设施建设以及所组织的休闲活动，对社区的和谐发展和提升居民幸福感有着重要的意义。研究表明，休闲参与不仅对老年人的幸福感有直接正向影响，还可通过中介变量间接影响老年人的幸福感，表现为休闲参与度越高其幸福感越高（姬玉、罗炯，2019）。社区休闲设施给老年人提供了开展活动的条件。公共场所的建设有利于实现提升社会参与能力和激发社会活力的政策目标（陈玉生，2020）。休闲参与的客观指标包括休闲活动、休闲设施和社区活动。

　　社会参与维度的指标框架如表 4-3 所示。

表 4-3　社会参与维度的指标框架

一级指标	二级指标		
	评价指标		需求指标
	客观指标	主观指标	
劳动参与	农业劳动 打工劳动 照顾孙辈	劳动参与满意度	生产劳动需求
休闲参与	休闲活动 休闲设施 社区活动	总的休闲生活满意度 社区休闲场所和设施满意度 社区组织的休闲活动满意度 社会活动参与满意度	总的休闲生活需求 社区休闲场所和设施需求 社区组织的休闲活动需求 参加社会活动需求

4. 非正式社会支持维度的指标框架

考虑到中国留守老人的实际情况，非正式社会支持维度设置了家庭支持和人际支持 2 个一级指标。根据支持来源，家庭支持选取了配偶支持、儿子支持和女儿支持 3 个二级客观指标，人际支持选取了邻里支持、朋友支持和亲戚支持 3 个二级客观指标。

由于子女外出务工，农村留守老人的非正式照顾主要由配偶承担。配偶之间可以在生活上相互照料、在精神上相互交流和抚慰。家庭和睦、有配偶的老年人的生活质量明显高于无配偶的老年人（陈正英等，2010）。农村一直是传统的家庭养老模式，代际关系是家庭重要的支持关系。老年人对孝顺的期望是成年子女能扶养年迈的父母。亲子支持通过老年人的自尊感、孤独感和恩情感影响老年人的主观幸福感（王大华等，2004）。亲戚、朋友和邻居提供的支持对农村老年人的身心健康也存在正向效应。与家人、朋友或邻居的频繁社交与情感孤独和社交孤独均呈负相关（Bondevik and Skogstad，1998），可以缓解老年人由于生活压力以及孤独感产生的消极情绪。获得配偶、子女、亲戚、朋友、邻居提供的经济支持、生活照料和情感慰藉对留守老人的身心健康具有积极影响。

非正式社会支持维度的指标框架如表4-4所示。

表 4-4　非正式社会支持维度的指标框架

一级指标	二级指标		
	评价指标		需求指标
	客观指标	主观指标	
家庭支持	配偶支持 儿子支持 女儿支持	夫妻关系满意度 子女孝顺满意度 家庭和睦满意度	夫妻关系需求 子女孝顺需求 家庭和睦需求
人际支持	邻里支持 朋友支持 亲戚支持	人际关系满意度	人际关系需求

5. 正式社会支持维度的指标框架

正式社会支持指标体系是用量化的指标反映政府、社区、社会组织等主体对农村留守老人的支持程度。一方面，社区/社会组织通过开展各类服务活动给予老年人支持；另一方面，各级政府通过社会政策资源的投入和公共产品的供给保障老年人的养老需求。

根据我国国情，社区社会支持的二级客观指标选取的是村委会的支持、志愿者/非营利组织的支持和社会工作者的支持。村委会是我国的基层组织，是行政区划的最小单位，对老年人的生活负有管理与服务职能。社会关系，狭义地说，只发生在那种能推己及人的人们之间（费孝通，2011：80）。乡土社会是由血缘亲族联系起来的亲密社会，从广义上说，同居一村的人都是一个大家族的成员，聚族而居的村民之间早已形成了推己及人的共生情感与高度的信任感。老年社会工作可以给予农村空巢老人社会支持促进其心理健康。虽然农村的志愿者/非营利组织和社工机构的发展和城市相比不太成熟，但随着家庭空巢化和人口老龄化程度的加深，老年人对志愿者/非营利组织和社工服务的需求会越来越大。作为政府政策的补充，企业单位、志愿者团体、社区服务机构、民间慈善组织等各种社会组织对老年人的生活质量提升也发挥着不可或缺的作用。

社会政策与公共服务支持主要测量老年人口享受的政策保障和公共服务状况。社会保障是民生的安全网、社会的稳定器，与人民幸福安康息息相关，也关系国家长治久安。中国农村的老龄化程度越来越深，农村的社会保障制度，尤其是新农保和新农合制度对保障农村留守老人的基本生活具有重要的现实意义。通过老年人距离养老院的距离可以衡量我国农村社区养老机构的覆盖范围与养老服务的可及性。农村社会养老公共服务体系的建立有利于提升农村老年人的福利水平（王小龙、兰永生，2011）。社会卫生服务机构的可及性是影响老年人就医行为的重要因素。医疗卫生资源的可及性对健康状况的改善尤为重要。到最近医疗点的距离和医疗卫生服务的利用具有很强的正向关系，是影响居民健康状况的关键因素（苗艳青，2008）。不断加大对农村公共卫生产品的投入力度，推动医疗资源下沉到基层医疗机构，才能满足农村留守老人的医疗需求。社会保障支出水平的提高有利于居民幸福感的提升（殷金朋等，2016），农村居民对公共服务的满意度越高，其幸福感越高（毛小平、罗建文，2012）。本书选择新农保的参与状况、新农合的参与状况、到达就近养老院的距离、到达就近医疗机构的距离、社区医疗机构的设置 5 个二级客观指标来测量社会政策与公共服务支持的状况。

正式社会支持维度的指标框架如表4-5所示。

表4-5　正式社会支持维度的指标框架

一级指标	二级指标		
	评价指标		需求指标
	客观指标	主观指标	
社区社会支持	村委会的支持 志愿者/非营利组织的支持 社会工作者的支持	社区社会支持满意度	社区社会支持需求
社会政策与公共服务支持	新农保的参与状况 新农合的参与状况 到达就近养老院的距离 到达就近医疗机构的距离 社区医疗机构的设置	新农保满意度 新农合满意度 公共养老服务满意度 公共医疗服务满意度	新农保政策需求 新农合政策需求 公共养老服务需求 公共医疗服务需求

6. 生活环境维度的指标框架

生活环境维度的指标体系由生态环境和居住环境两部分构成。生态环境与生活质量和幸福感密切相关。为居民提供开放、自然、绿色的空间可以直接增强他们的幸福感（Pfeiffer and Cloutier，2016）。空气质量影响居民的生活满意度（马佳羽等，2020），环境污染对于社会底层人员幸福感的负面影响更为显著（许志华等，2018）。因此，生态环境设置了空气质量和饮用水质量2个二级客观指标。

居住环境的治安状况是影响留守老人生活质量的重要因素（刘梅等，2015）。广泛的居住环境包括居住社区的治安状况和公共基础设施状况。良好的治安、稳定的乡村秩序和完善的公共基础设施是促进乡村社会良性运行的重要因素，也是社会和谐稳定发展的基础。贺聪志和叶敬忠（2010）通过对留守老人和非留守老人在过去两年中发生意外情况的调查发现，与非留守老人相比，留守老人在安全方面存在更大隐患，子女外出增加了老人人身和财产安全受侵犯的可能性，同时也增加了遭遇意外伤害的可能性。所以更要关注和满足农村留守老人对居住环境的安全需求。村民纠纷事件主要是指村民之间在日常生活摩擦中产生的矛盾和冲突。乡村犯罪事件和纠纷事件的数量反映了乡村法治建设与乡村团结和谐的程度。因此，居住环境设置了社区犯罪事件、村民纠纷事件和社区公共交通 3 个二级客观指标。

生活环境维度的指标框架如表 4-6 所示。

表 4-6　生活环境维度的指标框架

一级指标	二级指标		
	评价指标		需求指标
	客观指标	主观指标	
生态环境	空气质量 饮用水质量	空气质量满意度 饮用水质量满意度	空气质量需求 饮用水质量需求
居住环境	社区犯罪事件 村民纠纷事件 社区公共交通	社区治安满意度 社区公共交通满意度 总的居住环境满意度	社区治安需求 社区公共交通需求 总的居住环境需求

7. 精神生活维度的指标框架

社会发展的终极目标是人的全面发展，其核心是促进社会成员的自我发展。人有社会性需求，除了要满足老年人的物质生活需求，还要满足老年人的精神生活需求，即被尊重的需求、被关爱的需求和自我实现的需求。

美国国家科学院国家研究委员会将虐待老人定义为：①由照护者或与老年人存在信任关系的其他人故意实施的、给弱势老年人造成伤害或带来严重伤害风险（无论伤害是不是有意为之）的行为；②照护者未能满足老年人的基本需求或未能保护老年人免受伤害的情况。"受虐"包含两层含义：一是老年人遭受了某种伤害、权益被剥夺或处于危险状态；二是其他人对造成这种状况或未能阻止其发生负有责任。世界卫生组织认为虐老行为是对人权的侵犯，包括身体虐待、心理虐待、情感虐待、财务虐待、物质虐待、遗弃及忽视。① 即使在对慢性疾病和功能状况进行调整后，遭受虐待老人的死亡风险也是对照组的 3 倍（Lachs et al.，1998）。我国是世界上老年人口最多的国家，未来 30 年，老年人口规模和老龄化水平将倍增，而这一群体最容易遭受虐待。《中华人民共和国老年人权益保障法》明确规定，国家保护老年人依法享有的权益，禁止歧视、侮辱、虐待或者遗弃

---

① 《虐待老人》，2022 年 6 月 13 日，https://www.who.int/zh/news-room/fact-sheets/detail/abuse-of-older-people。

老年人。因此，老年人是否远离虐待、被尊重与关爱是衡量老年群体精神生活质量的重要方面。

结合我国的社会文化背景，农村老年人遭受的虐待主要包括经济虐待、身体虐待、精神虐待和疏于照料。经济虐待是指剥夺或控制老年人资金的支配权；身体虐待是指通过暴力使老年人身体痛苦或健康受损；精神虐待是指通过辱骂、指责等言行使老年人精神痛苦或降低其自尊感；疏于照料是指无视老年人的需求，缺乏对其必要的照顾。

精神生活的主观指标体系主要从三个方面构建。一是被尊重的满意度。自尊需要得到满足会产生一种自信的情感体验，使人觉得自己在这个世界上有价值、有力量、有能力、有用处和必不可少。然而，这些需要一旦受到挫折，就会产生自卑、弱小以及无能的感觉。老年人随着年龄的增长身体机能退化，获得收入的能力缺乏，主要依靠年轻积累和家庭支持度过晚年生活。应该给予老年人来自家庭和社会的尊重和认可。二是被关爱的满意度。留守老人社会交流和与人接触较少，被忽视、被孤立的风险高，需要加强对老人的关怀。老人与成年子女之间的互动有利于降低老人的孤独感。三是自我实现的满意度。自我实现是人发挥其潜能的欲望，是一种摆脱自我限制，使潜力得以发挥的倾向，使人成为他所能够成为的一切。人的自我发展可以让人享用自己的资源和潜力。自我实现者有着更深厚的人际关系，且具有更多的交融、更崇高的爱。在我国全面建成小康社会后，老年人对个人的发展也有了更高的追求，继续贡献个人能力，实现老有所为成为老年人发展的重要目标。精神生活维度，本书设计了4个客观指标和3个主观指标来测量农村留守老人对精神生活的满意度。

精神生活维度的指标框架如表4-7所示。

表4-7　精神生活维度的指标框架

一级指标	二级指标		
	评价指标		需求指标
	客观指标	主观指标	
精神生活	经济虐待 精神虐待 身体虐待 疏于照料	被尊重的满意度 被关爱的满意度 自我实现的满意度	被尊重的需求 被关爱的需求 实现个人价值的需求

（三）测量指标的操作化

1. 客观指标的操作化

（1）物质维度

物质的客观指标对评价老人的生活状况和生活水平十分重要，在物质维度中，收入的客观指标为个人收入和家庭收入。本书将个人收入客观指标按类别划分为三类：第一类是社会保障性收入，问卷调查中询问老人"您去年有最低生活保障救助、村集体救助、社会养老保险金吗？"，回答"有"将继续追问每月或每年发多少钱；第二类是子女亲友支持性收入；第三类是劳动收入，包括种地收入、打工收入及其他收入。个人收入为三类收入的加总。通过询问"您家每月的生活消费大约多少元？吃饭大约用多少元？去年用于看病的钱大约多少？"来测度消费的客观指标。住房指标不仅要调查居住空间还要考虑家庭的人员，通过家庭的房间数量除以家庭常住人口数量计算住房拥挤程度。所以住房的客观指标选取的是人均住房间数和卧室面积。根据问题"您家里目前常住人口有几人，有多少个房间，卧室面积是多少平方米？"进行测量。生活设施的客观指标通过是否拥有室内卫生间和生活设施的数量来测量。前者通过询问被访者"您家有室内卫生间吗？"获取数据，后者通过询问"您家有下列生活设施吗？"这个题项来测量，选项包括电视、冰箱、洗衣机、空调、燃气灶、移动电话，让被访者根据实际情况回答。

（2）健康维度

通过日常生活自理能力量表对老年人自理能力进行衡量。该量表包括吃饭、走动、上厕所、洗澡、穿衣、做饭、购物、做清洁和乘坐公交车9个子项。向老人询问"您是否能独立完成以下活动？"，并给出活动选项。生活活动评估标准主要分为3级：能独立完成、部分依赖他人完成、完全依赖他人完成。让老年人对自己的生活自理能力进行评分：能独立完成得2分、部分依赖他人完成得1分、完全依赖他人完成不得分。然后把量表各项得分进行加总，分数越高老人的身体功能健康程度就越高。患病情况通过自我报告的7类慢性病进行测量。前6类疾病是造成中国农村老年人口寿命损失的主要疾病，关节炎是调查地患病率较高的疾病。根据被访者

"是"与"否"的回答如实记录。若被访者在某类疾病上回答"是",则定义为有病,赋值1,回答"否",则定义为无病,赋值0。

关于心理健康的测量,本书采用了1986年由美国心理学家Sheikh和Yesavage所设计的简版老年抑郁量表(GDS-15)。该量表包括15个题目,要求被访者以"是"或"否"作答。其中有5个题目是反向计分(回答"是"计0分,回答"否"计1分)。得分范围是0~15分,得分越高说明越抑郁。调查时,由访员按照题项进行询问和记录。被访者根据过去一周的情况,回答心理量表题目,做出"是"和"否"的评价。在对初测问卷进行数据分析前,进行正向计分或负向计分。根据量表的得分情况,可以进一步评估被测者的心理健康状况。

(3)社会参与维度

在劳动参与的测试中,选项采取定量和定性相结合的方法。由于农村生产劳动有季节性特点,因此在问卷调查时询问老人"您农忙时每周劳动时间大概多少小时?""您农闲时打零工的时间每周约多少小时?""您每周照顾孙辈的时间大概多少小时?"来获取数据。参加过多生产劳动和承担过多家务劳动不利于农村老年人的身心健康(叶勇立等,2007),所以在问卷中测量了老人生产劳动与照看孙辈的负担程度。其负担程度包括"不重、有点重、一般、比较重、非常重"5级。通过调查被访者过去一个月参加的休闲活动、社区组织的休闲活动、社区的活动场所和设施来测量老人的休闲参与情况。

(4)非正式社会支持维度

非正式社会支持从支持的主体和支持的内容两个方面进行测量。支持的内容包含经济支持、生活照料、情感慰藉三个方面,支持的主体包括配偶、儿子、女儿、邻居、朋友和亲戚。在经济支持方面,支持主体不能提供经济支持的得分为0分,能提供经济支持的得分为1分。根据提供的生活照料和情感慰藉的频次衡量支持主体对老人的支持程度。频率选项包括"从不、一年几次、每月至少一次、每周至少一次、几乎天天"5级,赋值范围为0~4分。把每个支持主体提供的三个方面的支持得分加总,得到每个支持主体给予的经济支持、生活照料和情感慰藉的均值。

(5)正式社会支持维度

正式社会支持通过询问老人,村委会工作人员、志愿者/非营利机构和社会工作者为其提供的经济支持、生活照料和情感慰藉的情况进行测量。在社会政策方面，主要调查了新农保是否参保及其缴费标准、领取金额，新农合是否参加及其医疗报销的比例。在公共服务方面，调查了医疗机构的设置，以及留守老人到达就近医疗机构、养老院/敬老院的距离。

（6）生活环境维度

通过空气质量和饮用水质量来反映居住的生态环境状况。其中，空气质量的数据通过调查地的官方网站获取；饮用水质量通过是否有安全的饮用水来源进行评估。居住环境的安全状况通过询问被访者所居住的村庄过去一年发生的犯罪事件和村民纠纷事件的数量来测量。根据实际发生的犯罪事件或纠纷事件来评估居住环境的安全状况和和谐程度。

（7）精神生活维度

通过询问被访者是否遭受过四种形式的虐待来测量其精神生活的客观状况。调查经济虐待时，询问被访者是否曾被剥夺或被控制金钱的使用权；调查身体虐待时，询问被访者是否曾遭遇暴力致使身体伤痛或健康受损；调查精神虐待时，询问被访者是否曾遭到辱骂、指责等导致精神痛苦；通过询问被访者生病时是否有他人照顾测量其遭受疏于照料的情况。

2. 主观指标的操作化

现有的生活质量研究更多侧重客观指标或主观指标的单独构建，并未提供更多两者对应设置的综合指标体系。生活质量的主观满意度是个人对自己生活状况的主观感受，全面的生活质量研究除了测量客观指标以外，还应包含衡量个体生活福祉的主观指标，从而增强对生活质量的解释。发展的根本目的是增进民生福祉，部分国家已将生活满意度纳入社会福利体系（蒋浩琛、高嘉敏，2021）。对被访者所拥有的生活资源和其主观感知的满意度进行综合测量，不仅顺应了时代发展的要求，也是遵循以人为本的发展理念进行的实证探索。对农村留守老人生活质量的评价，本书选取了主客观相结合的方法。

因此，在问卷的设计中，采用具体满意度的测量方法和总体满意度的测量方法，以求能够全面评价农村留守老人的生活质量。相比于单一的总体满意度测量方法，两者相结合具有更多的优势，多维度具体的满意度测量，能更为全面、深入地探究生活质量的影响因素及其作用机制。

留守老人主观满意度的测量需要选择合适的指标，而指标体系的构建也要涉及足够多的生活领域，以便包含研究对象重要的生活方面。本书所构建的主观满意度指标体系包括如下 7 个生活维度：①物质维度，包括收入满意度、食品开支满意度、医疗开支满意度、住房满意度和生活设施满意度 5 个指标；②健康维度，包括身体健康满意度和心理健康满意度 2 个指标；③社区参与维度，包括劳动参与满意度、社区组织的休闲活动满意度、社区休闲场所和设施满意度、社会活动参与满意度和总的休闲生活满意度 5 个指标；④非正式社会支持维度，包括夫妻关系满意度、子女孝顺满意度、家庭和睦满意度和人际关系满意度 4 个指标；⑤正式社会支持维度，包括社区社会支持满意度、新农保满意度、新农合满意度、公共养老服务满意度和公共医疗服务满意度 5 个指标；⑥生活环境维度，包括空气质量满意度、饮用水质量满意度、社区治安满意度、社区公共交通满意度和总的居住环境满意度 5 个指标；⑦精神生活维度，包括被尊重的满意度、被关爱的满意度和自我实现的满意度 3 个指标。7 个维度设置的主观指标大多与所属维度的客观指标相对应。所以调查问卷的主观满意度是对生活质量客观指标的有效补充。主观指标的操作化是请被访者对自己目前的生活满意度进行评分。满意度分值范围为 0~10 分，分数越高代表被访者的生活满意度越高。同时，本书对被访者的生活满意度评分进行了 7 点刻度归类，即非常满意（10 分）、比较满意（8~9 分）、有点满意（6~7 分）、一般（5 分）、有点不满意（3~4 分）、不太满意（1~2 分）、非常不满意（0 分）。

3. 需求指标的操作化

要满足人们对美好生活的期望，就必须先了解人们的主观生活需求。在问卷中设计了生活需求重要性量表，共包含与主观满意度指标一一对应的 29 个生活需求指标。与主观满意度指标的测量一样，请被访者对具体生活方面的重要性程度评分，评分范围为 0~10 分，0 分表示完全不重要，10 分表示非常重要。分数越高代表被访者对此项的需求程度越高。

（四） 测量模型的构建与分析

根据留守老人生活质量的内涵，初步选取了 7 个维度的 29 个指标用于构建留守老人生活质量指标体系。为了进一步分析基于理论构建的留守老人生活质量指标体系与实际数据之间的契合度，本书运用结构方程模型对生活质量指标体系进行验证，并对生活质量结构进行分层分析。研究设想是：生活质量的第一层结构是由物资、健康、社会参与、非正式社会支持、正式社会支持、生活环境与精神生活 7 个维度及其对应的 29 个测量指标构成。这些具体的生活领域可以进一步合并为总体生活质量，从而形成对生活质量进行总体评价的综合指数。研究方法是：首先通过一阶验证性因子分析检验留守老人生活质量主观指标体系和需求指标体系的信度与效度；然后在一阶模型的基础上进行高阶模型分析，将生活质量的各维度作为潜变量，各维度对应的 29 个指标作为观察变量，采取极大似然法（Maximum Likelihood，ML）作为估计方法进行拟合、修正，从而进行整体模型适配度检验与模型的内在质量检验。运用 SPSS 25.0 和 AMOS 23.0 对数据进行统计分析。

1. 生活质量指标体系的信度与效度

(1) 生活质量主观指标体系的信度与效度

留守老人的生活质量主观指标体系包括 7 个一级指标与 29 个二级指标。首先，通过一阶验证性因子分析检验生活质量主观指标体系的信度与效度。

如表 4-8 所示，所有指标的标准化因子载荷量（表 4-8 中的 STD. 列数据）均在 0.435~0.912，并且显著。这说明各个潜变量对应的观察指标均在可接受范围内，具有统计学意义。关于测量模型的内部一致性，一般用克隆巴赫信度系数进行判断。7 个维度的克隆巴赫 α 系数均在 0.728~0.875，总量表的克隆巴赫 α 系数为 0.920，说明量表的内部一致性极好。本书选用平均方差提取量和组合信度来检验收敛效度。每个潜变量的组合信度（C. R. 值）均在 0.731~0.878，均大于 0.6。潜变量的平均方差提取量（AVE 值）除了生活环境和非正式社会支持这两个因子达到可接受的水平，其他均大于 0.5 的理想值，且组合信度均大于 0.7。分析表明留守老人生活质量主观指标体系具有较好的收敛效度，留守老人生活质量测量模型内在结构理想。

表 4-8　生活质量主观指标体系的信度和收敛效度分析

维度	指标	STD.	AVE	C.R.	α
物质	C9.1	0.867	0.527	0.844	0.853
	C9.2	0.807			
	C9.3	0.749			
	C9.4	0.555			
	C9.5	0.602			
健康	D7.1	0.631	0.582	0.731	0.728
	D7.2	0.875			
社会参与	E8.1	0.457	0.601	0.878	0.875
	E8.2	0.906			
	E8.3	0.908			
	E8.4	0.771			
	E8.5	0.747			
非正式社会支持	F7.1	0.442	0.467	0.760	0.751
	F7.2	0.807			
	F7.3	0.912			
	F7.4	0.435			
正式社会支持	F7.5	0.564	0.536	0.849	0.863
	H7.1	0.628			
	H7.2	0.687			
	H7.3	0.850			
	H7.4	0.879			
生活环境	G6.1	0.562	0.399	0.762	0.749
	G6.2	0.451			
	G6.3	0.643			
	G6.4	0.635			
	G6.5	0.812			
精神生活	J10.1	0.883	0.636	0.835	0.792
	J10.2	0.892			
	J10.3	0.577			

如表 4-9 所示，各一级指标的 AVE 均大于它与其他一级指标的相关系数的平方，达到了 Hair 等（2010）的判断标准，说明各个指标具有较好的

区分效度。此外，AVE 的算术平方根大于任何两两潜变量之间的相关系数绝对值，说明其内部相关性大于外部相关性，表示该测量模型区分效度较高（Fornell and Larcker，1981）。分析显示，各项数据均达到了上述两项检验标准，说明留守老人生活质量主观指标体系的 7 个维度具有良好的区分效度。

表 4-9 生活质量主观指标体系一阶测量模型的区分效度

维度	物质	健康	社会参与	非正式社会支持	正式社会支持	生活环境	精神生活
物质	0.527	0.434	0.189	0.190	0.213	0.123	0.144
健康	0.659 ***	0.582	0.176	0.216	0.137	0.010	0.156
社会参与	0.435 ***	0.419 ***	0.601	0.073	0.293	0.187	0.116
非正式社会支持	0.436 ***	0.465 ***	0.271 ***	0.467	0.116	0.185	0.216
正式社会支持	0.461 ***	0.370 ***	0.541 ***	0.341 ***	0.536	0.278	0.181
生活环境	0.350 ***	0.315 ***	0.432 ***	0.430 ***	0.527 ***	0.399	0.141
精神生活	0.379 ***	0.395 ***	0.340 ***	0.465 ***	0.425 ***	0.375 ***	0.636
AVE 平方根	0.726	0.763	0.775	0.683	0.732	0.632	0.797

*** $p<0.001$。

（2）生活质量需求指标体系的信度与效度

为了解留守老人的需求状况，本书设计了与生活质量主观指标体系相对应的需求指标体系。留守老人的生活质量需求指标体系包括 7 个一级指标与 29 个二级指标，通过一阶验证性因子分析检验预设指标体系的合理性（见表 4-10）。

表 4-10 生活质量需求指标体系的信度和收敛效度分析

维度	指标	STD.	AVE	C.R.	α
物质	B1.1	0.831	0.573	0.868	0.872
	B1.2	0.834			
	B1.3	0.798			
	B1.4	0.701			
	B1.5	0.590			
健康	B1.6	0.842	0.652	0.789	0.776
	B1.7	0.771			

续表

维度	指标	STD.	AVE	C.R.	α
社会参与	B1.13	0.409	0.553	0.852	0.852
	B1.14	0.584			
	B1.15	0.737			
	B1.16	0.942			
	B1.17	0.910			
非正式社会支持	B1.8	0.537	0.530	0.812	0.774
	B1.9	0.877			
	B1.10	0.850			
	B1.11	0.583			
正式社会支持	B1.12	0.681	0.594	0.876	0.880
	B1.23	0.907			
	B1.24	0.932			
	B1.25	0.592			
	B1.26	0.682			
生活环境	B1.18	0.769	0.587	0.876	0.883
	B1.19	0.772			
	B1.20	0.804			
	B1.21	0.724			
	B1.22	0.758			
精神生活	B1.27	0.930	0.683	0.861	0.823
	B1.28	0.929			
	B1.29	0.566			

运用 SPSS 25.0 和 AMOS 23.0 进行需求指标体系一阶模型收敛效度的检验，整理后的数据如表 4-10 所示。所有指标的标准化因子载荷量（表 4-10 中的 STD. 列数据）均在 0.409~0.942，并且显著。这说明各个潜变量对应的观察指标均在可接受范围内，具有统计学意义。7 个维度的克隆巴赫 α 系数均在 0.774~0.883，总量表的克隆巴赫 α 系数为 0.939，说明生活质量需求指标体系的内部一致性极好。另外，平均方差提取量（AVE 值）均大于 0.5，且组合信度（C.R. 值）均大于 0.7。因此，留守老人需求指标体系具有较好的建构信度和收敛效度，生活质量需求量表的内在质量理想。

根据 Hair 等（2010）对区分效度的检验标准，各一级指标的 AVE 均大于它与其他一级指标的相关系数的平方，说明生活质量需求指标体系的7个维度具有良好的区分效度。此外，按照 Fornell 和 Larcker（1981）的判断标准，各潜变量 AVE 的算术平方根均大于两两潜变量之间的相关系数绝对值，说明该测量模型区分效度较好（见表4-11）。

表4-11　生活质量需求指标体系一阶测量模型的区分效度分析

维度	物质	健康	社会参与	非正式社会支持	正式社会支持	生活环境	精神生活
物质	0.573	0.721	0.050	0.328	0.426	0.465	0.251
健康	0.849***	0.652	0.036	0.392	0.387	0.420	0.248
社会参与	0.223***	0.190***	0.553	0.035	0.101	0.126	0.132
非正式社会支持	0.573***	0.626***	0.187***	0.530	0.308	0.359	0.240
正式社会支持	0.653***	0.622***	0.318***	0.555***	0.594	0.591	0.348
生活环境	0.682***	0.648***	0.355***	0.599***	0.769***	0.587	0.441
精神生活	0.501***	0.498***	0.364***	0.490***	0.590***	0.664***	0.683
AVE 平方根	0.757	0.857	0.744	0.728	0.771	0.766	0.826

注：*** $p<0.001$；对角线为 AVE 平均方差变异抽取量。

2. 生活质量整体测量模型的构建与分析

（1）整体模型的构建

本书对7个维度的一阶测量模型进行检验时，发现一阶测量模型的各个潜变量彼此相关，增加了模型的复杂性。温忠麟等（2005）提出可以通过引入二阶因子模型提取更高阶的共同因子，从而简化模型并提高模型估计的准确性。所以本书把7个维度作为一阶因子，把生活质量作为二阶因子，构建了二阶测量模型。

本书分别构建了农村留守老人生活质量的一阶测量模型和二阶测量模型（见图4-2和图4-3）。温忠麟等（2004）在《结构方程模型检验：拟合指数与卡方准则》一文中推荐使用 TLI、CFI 和 RMSEA 作为模型适配度指标检验模型的拟合度，并且指出其他指数也要参考，但不能离界值太远。所以本书运用 χ^2/df、GFI、RMSEA、AGFI、IFI、TLI、CFI 等多个适配度指标衡量模型的拟合程度。结构方程模型检验所得的一阶测量模型和二阶测量模型主要拟合指标如表4-12所示，与拟合指标给定推荐值进行比较可

以看出，两个模型的拟合指数比较接近，除 GFI 值、TLI 值非常接近推荐值
0.9 以外，绝大多数指标的拟合值都比较理想，落在推荐值范围内。对于相
对拟合指数，如果 TLI 小于临界值但相差不大，可以参考 CFI 做出拟合度
判断（温涵、梁韵斯，2015）。研究表明，理论模型的设定比较符合实际
数据，农村留守老人生活质量测量模型得到了数据支持。

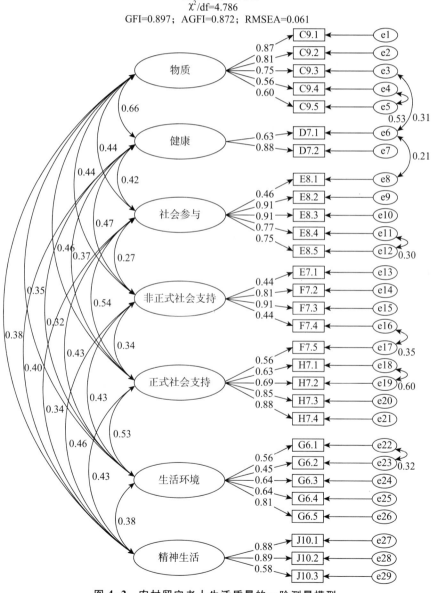

图 4-2 农村留守老人生活质量的一阶测量模型

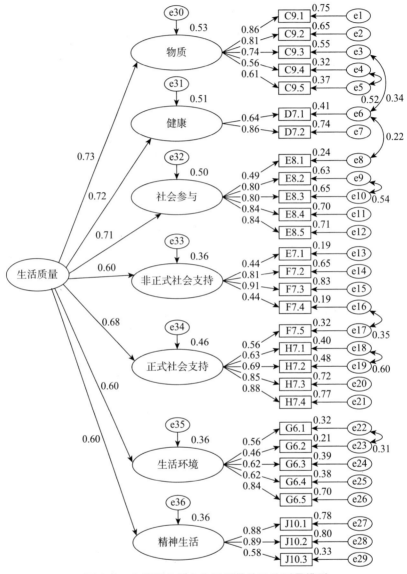

图 4-3　农村留守老人生活质量的二阶测量模型

表 4-12　农村留守老人生活质量测量模型拟合指标

	χ^2/df	GFI	RMSEA	AGFI	IFI	TLI	CFI
推荐值	<5.0	>0.9	<0.08	>0.8	>0.9	>0.9	>0.9

	χ^2/df	GFI	RMSEA	AGFI	IFI	TLI	CFI
一阶测量模型	4.786	0.897	0.061	0.872	0.916	0.902	0.916
二阶测量模型	4.911	0.888	0.062	0.866	0.910	0.899	0.910

（2）分析结果

接下来，对农村留守老人生活质量一阶测量模型中的 7 个潜变量及其对应的 29 个指标之间的关系进行分析。

对于农村留守老人来说，物质生活最重要的测量指标是收入和两项基本消费指标——食品开支和医疗开支。心理健康是健康因子的最佳预测指标。社区组织的休闲活动和总的休闲生活是社会参与维度的重要测量指标。子女孝顺、家庭和睦是非正式社会支持的重要测量指标。公共养老服务和公共医疗服务是正式社会支持的重要测量指标。总的居住环境是生活环境的最佳测量指标。被尊重和被关爱是精神生活的重要测量指标。

全面展现生活质量的结构，不仅要看各个潜变量和观察变量之间的相关程度，还要考察各个潜变量之间的关系。生活质量的一阶测量模型包含 7 个潜变量，分别是物质、健康、社会参与、非正式社会支持、正式社会支持、生活环境与精神生活。生活质量的一阶测量模型各个潜变量之间的标准化系数如图 4-2 所示，物质与健康、社会参与、非正式社会支持、正式社会支持都有很强的相关性，其中物质与健康的相关程度最高，其标准化系数为 0.66；健康与社会参与、非正式社会支持的标准化系数分别是 0.42、0.47；社会参与和正式社会支持的标准化系数为 0.54；生活环境也同社会参与、非正式社会支持、正式社会支持有较强的相关性，其标准化系数分别为 0.43、0.43 和 0.53；精神生活和健康的标准化系数是 0.40，但精神生活和正式社会支持、非正式社会支持的相关程度最高，标准化系数分别为 0.43、0.46。

在二阶测量模型中，可以发现物质、健康、社会参与和正式社会支持这四个一阶潜变量与生活质量这个二阶因子呈现高度相关。其中物质与生活质量的相关程度最高，标准化系数为 0.73；其次是健康，标准化系数为 0.72；排第三位的是社会参与，标准化系数为 0.71；正式社会支持与生活质量也有较强的相关性，标准化系数达到了 0.68（见图 4-3）。

3. 生活质量地区测量模型的构建与分析

为进一步探究留守老人生活质量的共性与差异性，本书进一步构建东部地区、中部地区与西部地区的生活质量测量模型（见图4-4、图4-5、图4-6）。三个地区的模型拟合指数如表4-13所示，卡方/自由度（χ^2/df）均小于0.5，采用的拟合指数为拟合良好性指数（GFI）、比较拟合指数（CFI）、调整拟合良好性指数（AGFI），三个拟合指数的数值均为0~1，且越接近1则表示模型的拟合度越好。可以看出，在分地区的二阶测量模型中，中部地区的拟合度最好，其次是东部地区，最后是西部地区。

表4-13　三地生活质量测量模型拟合指数

	χ^2/df	GFI	RMSEA	AGFI	IFI	TLI	CFI
推荐值	<5.0	>0.9	<0.08	>0.8	>0.9	>0.9	>0.9
中部地区拟合值	2.188	0.863	0.060	0.837	0.912	0.901	0.911
西部地区拟合值	3.612	0.792	0.085	0.751	0.837	0.817	0.886
东部地区拟合值	3.141	0.800	0.081	0.760	0.865	0.848	0.894

在进行生活质量7个维度的重要性比较时，物质和健康作为最基本的生活需求都与生活质量有较强的相关性。但由于中国各地区社会文化的差异和经济发展的不均衡，在二阶测量模型中发现，物质、健康、社会参与、非正式社会支持、正式社会支持、生活环境和精神生活7个一阶因子对生活质量这个二阶因子的影响程度存在地区差异。中部地区的生活质量和全样本的生活质量的影响因子的重要性排序相同。按照影响程度从高到低排序依次为物质维度、健康维度、社会参与维度和正式社会支持维度，其标准化系数依次为0.87、0.79、0.77和0.69。可以看出，中部地区生活质量各因子对生活质量的影响和全样本相比显著增强。在西部地区的二阶测量模型中，物质维度、精神生活维度与生活质量的标准化系数最大，均为0.68，其次是生活环境维度、健康维度，标准化系数分别为0.67和0.66。东部地区的健康维度对生活质量的影响最大，标准化系数为0.78，这与中西部地区物质维度对生活质量的影响最大有很大的不同；其次是物质维度，与生活质量的标准化系数也达到了0.72；再次是精神生活维度，标准化系数为0.68。

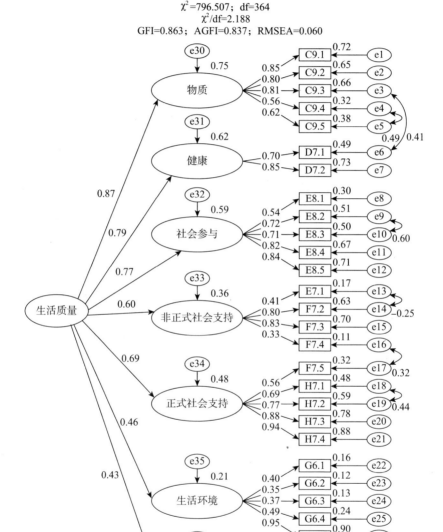

图4-4 中部地区农村留守老人生活质量二阶测量模型

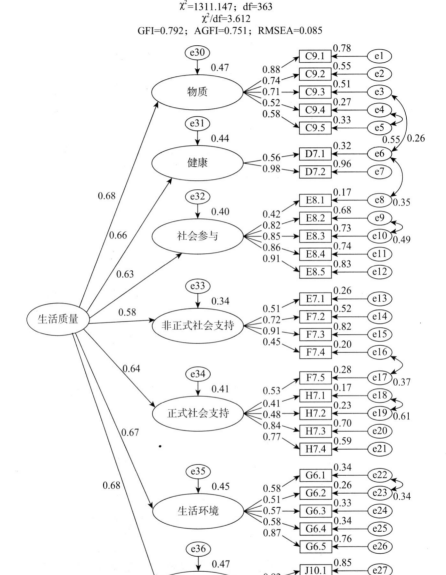

χ^2=1311.147；df=363
χ^2/df=3.612
GFI=0.792；AGFI=0.751；RMSEA=0.085

图 4-5　西部地区农村留守老人生活质量的二阶测量模型

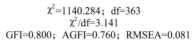

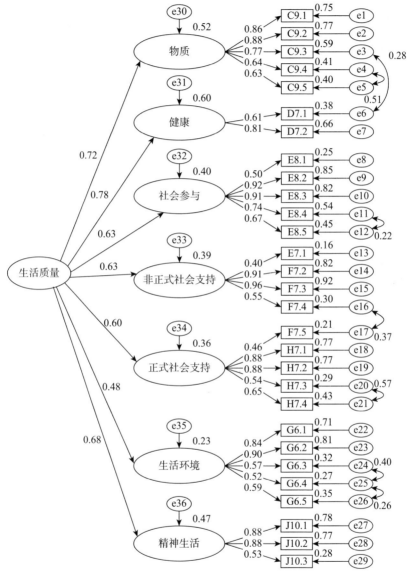

图 4-6　东部地区农村留守老人生活质量二阶测量模型

三地测量模型表明，留守老人生活质量的结构在不同地区间具有共性与差异性。具体而言，不同地区农村留守老人生活质量的一阶因子相同，都包含物质、健康、社会参与、非正式社会支持、正式社会支持、生活环境和精神生活这 7 个因子。但不同因子对生活质量的相对重要性存在差异。

这说明，留守老人的生活质量有相似的结构，但重要生活领域因地区不同而不同。因此，有必要进一步研究留守老人生活质量的地域差异，并在制定政策时考虑地区因素的影响。

（五）留守老人生活质量指标体系综合指数构建

留守老人生活质量的测量模型表明，本书根据理论确定的生活质量的内涵，即名义定义与操作定义得到了验证。农村留守老人的生活质量是指：农村留守老人对其生活重要需求的客观供给状况与主观感知的满足状况的综合评价。在操作层面上，留守老人的生活质量是指：留守老人根据个体内在的标准对基本的生理需求、参与社会的精神需求与获得保障的社会需求的满足状况的综合评价。在此基础上构建的农村留守老人生活质量指标体系包含 7 个维度及其 29 个观察指标。根据模型的二阶因子结构分析得出的观察指标对外生潜在因子影响的回归系数，以及外生潜在因子对内生潜在因子影响的回归系数，可以进一步利用加权平均法对各个维度和指标进行权重配置，从而合成留守老人生活质量的综合指数。

我国农村留守老人生活质量综合指数由物质、健康、社会参与、非正式社会支持、正式社会支持、生活环境和精神生活 7 个维度加权平均合成，每个维度分别由若干二级指标加权平均合成，具体见表4-14。权重的计算方法如下：

各维度的权重＝单个维度的回归系数/所有维度回归系数加总的值
各指标的权重＝单个指标的回归系数/该维度所有指标回归系数加总的值

总体生活质量＝物质维度满意度加权均值×0.16＋健康维度满意度加权均值×0.15＋社会参与维度满意度加权均值×0.15＋非正式社会支持维度满意度加权均值×0.13＋正式社会支持维度满意度加权均值×0.15＋生活环境维度满意度加权均值×0.13＋精神生活维度满意度加权均值×0.13。

表4-14　留守老人生活质量指标体系

指标	权重
物质	0.16
收入	0.24
食品开支	0.23

指标	权重
医疗开支	0.21
住房	0.16
生活设施	0.17
健康	0.15
身体健康	0.43
心理健康	0.57
社会参与	0.15
劳动参与	0.13
社区休闲场所和设施	0.21
社区组织的休闲活动	0.21
社会活动参与	0.22
总的休闲生活	0.22
非正式社会支持	0.13
夫妻关系	0.17
子女孝顺	0.31
家庭和睦	0.35
人际关系	0.17
正式社会支持	0.15
社区社会支持	0.16
新农保	0.18
新农合	0.19
公共养老服务	0.24
公共医疗服务	0.24
生活环境	0.13
空气质量	0.18
饮用水质量	0.15
社区治安	0.20
社区公共交通	0.20
总的居住环境	0.27
精神生活	0.13
被尊重	0.37
被关爱	0.38
自我实现	0.25

三　留守老人总体生活质量评价

（一）样本的基本信息

在调查的 1016 个样本中，女性留守老人占比过半（52.4%），略高于男性。在年龄分布上，中龄和低龄老人是留守老人中的主体，占比分别为 37.2% 和 44.6%，高龄老人仅占比 18.2%，农村留守老人表现出低龄化特征。在婚姻状况上，有配偶的留守老人最多，占比达到了 63.6%；其次是丧偶的留守老人，占比 31.4%；处于离婚状态的留守老人占比为 1.0%。此外，分析留守老人的受教育程度发现，半数以上的留守老人没接受过正式的教育，接受过小学和初中教育的留守老人分别占比 32.4% 和 11.1%，接受过高中及以上教育的老人仅占 3.9%。在居住方式上，与配偶同住和与配偶、孙子/女同住以及与孙子/女同住的留守老人达到了 72.0%，独居老人占比 24.4%，其他居住方式占比 1.5%（见表 4-15）。

表 4-15　样本的人口学分析（$N = 1016$）

单位：人，%

	人数	占比
性别		
女	532	52.4
男	484	47.6
年龄组		
低龄组（60~69 岁）	453	44.6
中龄组（70~79 岁）	378	37.2
高龄组（80 岁及以上）	185	18.2
婚姻状况		
已婚	646	63.6
离婚	10	1.0
丧偶	319	31.4
未婚	0	0
同居婚姻	41	4.0

续表

	人数	占比
受教育程度		
没接受过正式的教育	534	52.6
小学	329	32.4
初中	113	11.1
高中	34	3.3
职高/技校/中专	3	0.3
大学	3	0.3
居住方式		
与配偶同住	429	42.2
与配偶、孙子/女同住	211	20.8
与配偶分居	18	1.8
独居	248	24.4
与亲戚同住	4	0.4
与孙子/女同住	91	9.0
其他	15	1.5

　　总的来说，在婚姻状况上，大部分留守老人有配偶，但约三成的老年人处于丧偶状态。农村留守老人受教育程度普遍偏低，半数以上的留守老人未接受过正式教育，只接受过初级教育的约占四成。在居住方式上，与配偶同住和与配偶、孙子/女同住以及独居是留守老人主要的居住方式。

（二）总体生活质量评价

　　费斯廷格（Festinger）认为，个体在很大程度上是理性和公正的，寻求"稳定"、"精确"和"准确"的自我评价（Wood，1989）。这意味着主观生活质量更能体现居民的获得感与幸福感。因此，本书通过构建留守老人生活质量指标体系确定各维度与各指标的权重（见表4-14），采用加权平均法计算农村留守老人总体生活质量的评价分值。

　　如表4-16所示，留守老人总体生活质量均值为6.65分，表明留守老人对其总体生活状况持满意的态度。其中，一半的留守老人对生活质量的评分高于6.76分，评分为7.34分的人数最多，说明多数留守老人对生活质量感到有点满意。另外，最低评分为1.68分，最高评分为9.69分，这说明留守老人的生活质量评价在个体间存在较大的差距。

表 4-16   总体生活质量描述性分析

单位：人，分

	观测人数	均值	标准差	中位数	众数	最小值	最大值
生活质量	1016	6.65	1.19	6.76	7.34	1.68	9.69

如表 4-17 所示，不同性别的留守老人总体生活质量评价均值均高于 6.50 分，说明男性留守老人和女性留守老人均对生活感到满意。比较均值发现，不同性别的留守老人总体生活质量存在显著差异，女性留守老人的总体生活质量（6.51 分）显著低于男性（6.80 分）。

表 4-17   不同性别的留守老人总体生活质量的独立样本 *t* 检验

	性别	人数（人）	均值（分）	标准差（分）	F 值	t 值	显著性
生活质量	女	532	6.51	1.119	5.356* ($p=0.021$)	-3.805	0.000
	男	484	6.80	1.259			

* $p<0.05$。

如表 4-18 所示，不同年龄段的留守老人总体生活质量评价均值都高于 6 分，其中最低均值为 6.39 分，最高均值为 6.77 分，表明各年龄段的留守老人均对生活感到满意。分析显示，留守老人的总体生活质量存在显著的年龄差异，表现出总体生活质量随年龄增长而降低的特点。低龄组留守老人的总体生活质量均值最高（6.77 分），高龄组最低（6.39 分）。多重比较发现，低龄组留守老人的总体生活质量显著高于高龄组留守老人。

表 4-18   不同年龄组留守老人总体生活质量差异的方差分析

	年龄组	人数（人）	均值（分）	标准差（分）	F 值	多重比较
生活质量	低龄组（60~69 岁）	453	6.77	1.120	6.468**	低龄组>高龄组
	中龄组（70~79 岁）	378	6.63	1.222		
	高龄组（80 岁及以上）	185	6.39	1.284		
	总计	1016	6.65	1.189		

** $p<0.01$。

如表 4-19 所示，不同地区留守老人的总体生活质量评价均值介于 6.36~6.97 分，说明不同地区的留守老人对生活总体持满意态度。分析显示，留守老人的总体生活质量存在显著的地区差异。具体表现为，总体生活质量从西到东逐步降低。多重比较发现，西部地区留守老人的总体生活质量显著高于中部和东部地区，中部地区留守老人的生活质量显著高于东部地区。

表 4-19　不同地区留守老人总体生活质量差异的方差分析

	地区	人数（人）	均值（分）	标准差（分）	F 值	多重比较
生活质量	中部地区	331	6.58	1.233	23.620 ***	西部>中部 西部>东部 中部>东部
	西部地区	360	6.97	1.154		
	东部地区	325	6.36	1.121		
	总计	1016	6.65	1.189		

*** $p<0.001$。

上述分析结果带来几点启示。一是总体来看，农村留守老人对生活感到满意。但总体生活质量均值不能反映具体生活领域的状况，客观条件和主观感受之间也没有密切的关联。因此，有必要从不同维度具体分析留守老人生活质量的主客观状况。这对于全面、深入地了解留守老人的生活质量具有重要的意义。二是农村留守老人的总体生活质量在不同群体中存在显著差异，但具体领域的生活质量是否存在群体差异，仍需要进一步分析。生活质量的比较研究有助于促进不同群体生活质量的均衡提升和全面实现共同富裕。三是在农村留守老人生活质量的地区比较中发现了"伊斯特林悖论"现象，即经济增长与生活满意度不同步。在后续研究中可以对此现象进行分析与探讨，这不仅具有重要的理论意义，而且有助于社会政策的完善。

第五章　农村留守老人物质生活质量的
现状与评价

物质生活状况是衡量生活质量的基础。留守老人的物质生活包含满足其衣、食、住、行等各项基本需求的物质资源。假如所有需求都没有得到满足，那么一个人的生理需求而不是其他需求最有可能成为他的主要动机。而且，当人的机体被某种需求主宰时，对人未来的人生观也有影响。物质方面需求的满足能帮助个人抵御生活风险，提高选择生活方式的自由程度。物质维度中人的经济状况和消费水平是很重要的两个方面。经济状况的改善降低了经济生活对生活质量的影响，但经济状况依旧在很大程度上决定人们的生活质量，因此评估生活质量首先要考虑的就是评价人们的经济状况（邢占军，2011）。而且，长期存在的城乡二元结构体制使得我国城乡老年人的生活质量差别明显。当城市老年人已侧重于精神需求的时候，农村老年人占主导地位的需求还是物质上的满足（卫龙宝等，2008）。留守老人的物质生活状况包括经济收入的来源及水平、消费结构和支出水平、住房条件、生活设施配备等方面。生活质量的物质指标不仅反映了留守老人的物质福利状况，也体现了新时代经济社会的进步。物质生活质量衡量的政策意义在于使老年人所需要的基本生活条件得到保证，让老人"老有所养、病有所医、住有所居"，共享经济发展成果。

一　留守老人物质生活质量的客观评价

（一）留守老人的收入状况

在调查的 1016 个样本中，农村留守老人收入的主要来源为社会养老保险金、子女的代际支持与自己的劳动收入。有 85.3% 的留守老人领取了社会养老保险金，78.1%的留守老人得到了子女的经济支持，拥有种地收入的留守老人达到42.3%。但拥有最低生活保障救助、村集体救助与打工收入的留守老人比例较小，分别为13.1%、3.5%和9.4%。这说明，我国农村留守老人采用的是家庭养老、自我养老和社会养老的混合型养老模式。留守老人的收入来源情况如表5-1所示。

表 5-1 留守老人的收入来源 （$N = 1016$）

单位：人，%

收入来源	有		无	
	人数	占比	人数	占比
最低生活保障救助	133	13.1	883	86.9
村集体救助	36	3.5	980	96.5
社会养老保险金	867	85.3	149	14.7
子女们给的钱	793	78.1	223	21.9
孙子/女们给的钱	227	22.3	789	77.7
其他亲戚朋友给的钱	211	20.8	805	79.2
种地收入	430	42.3	586	57.7
打工收入	96	9.4	920	90.6
其他方面的收入	246	24.2	770	75.8

为了解农村留守老人不同养老方式的保障水平，对留守老人主要收入来源及其个人收入状况做进一步分析。留守老人主要收入来源是子女亲友的支持性收入，包括子女、孙子/女和亲友给的实物、购买的服务和给的现金。大部分留守老人每年获得的支持性收入为1000元，一半的留守老人每年获得的支持性收入在3000元以上。其次是个人劳动收入，即留守老人种地和打工获得的收入，平均每年可以获得2168.14元的劳动收入。留守老人的社会保障性收入包括村集体救助、最低生活保障救助和社会养老保险金。一半的留守老人每年的社会保障性收入在900元以上，金额为840元的居多（见表5-2）。调查数据显示，留守老人的各项收入占其个人总收入的比重从高到低依次为子女亲友支持性收入、劳动收入、社会保障性收入及其他收入。留守老人物质生活的主要收入来源包括社会保障性收入、子女亲友支持性收入和劳动收入。研究表明，在留守老人采用的混合型养老模式中，家庭养老占据主要地位，自我养老起到了辅助的作用，社

会养老作为自我养老和家庭养老的补充，发挥了兜底的功能。

表 5-2　留守老人的收入状况 （$N=1016$）

单位：元/年，%

收入	均值	占比	标准差	中位数	众数
社会保障性收入	1258.88	14.89	1237.14	900	840
子女亲友支持性收入	3997.26	47.27	6535.51	3000	1000
劳动收入	2168.14	25.64	7478.72	2000	2000
其他收入	1032.14	12.20	8399.63	1070	600
个人总收入	8464.75	100	8927.29	5840	3840

注：由于各项收入存在不同数量的缺失值，均值是以 0 替代缺失值重新计算的。

（二）留守老人的消费状况

如表 5-3 所示，留守老人的日常生活消费包括每月食品消费及水、电、日用品等生活开支（不包括医疗开支）。留守老人每月的生活消费支出平均为 703.78 元，其中食品开支平均为 417.86 元，占每月生活开支的比重为 59.37%。联合国粮食及农业组织提出，恩格尔系数（即食品消费占总消费支出的比例）在 60% 以上属于贫困。按照国际通用标准，农村留守老人已经脱贫，不属于贫困人口。留守老人的温饱需求已得到满足，国家实施的精准扶贫政策已见成效。从医疗消费来看，留守老人每月需要在医疗上花费 286.06 元，值得注意的是，医疗开支的众数为零，说明有许多留守老人没有医疗开支，这与留守老人慢性病患病率较高的现实相矛盾。

表 5-3　留守老人的消费状况 （$N=1016$）

单位：元/月

消费	均值	标准差	中位数	众数
生活消费	703.78	902.33	500	500
食品开支	417.86	554.99	300	200
医疗开支	286.06	744.27	83.33	0

（三）留守老人的住房状况

住房需求是人们对物质生活的基本需求。居民对住房间数的需求和对住房面积的需求同等重要。本书从人均住房间数和卧室面积入手评估留守老人的住房状况。

如表5-4所示，多数留守老人家中拥有3间房间（包括客厅与卧室）。调查发现，留守老人家庭常住人口均值为2.48人，留守老人住宅房间数均值为3.38间，通过计算可得，农村留守老人人均住房间数约为1.36间。留守老人卧室的平均面积是17.92平方米，多数留守老人卧室面积为20平方米。这说明留守老人卧室空间较为宽裕。

表5-4　留守老人的住房状况（$N=1016$）

单位：间，米^2

住房	均值	标准差	中位数	众数
客厅与卧室	3.38	1.43	3.00	3
卧室面积	17.92	7.83	16.00	20

（四）留守老人的生活设施状况

生活设施反映了人们的住房质量。如表5-5所示，留守老人家中的日常生活设施状况良好，大多数留守老人购入了电视和移动电话，且超过半数留守老人家中购置了燃气灶、洗衣机和冰箱。但研究发现，留守老人的卫生设施状况一般，家中拥有室内卫生间的留守老人还不到总数的60%。

表5-5　留守老人的卫生与生活设施状况

单位：人，%

		没有		有		总计	
		人数	占比	人数	占比	观测人数	占比
卫生设施	室内卫生间	480	47.2	536	52.8	1016	100.0
生活设施	电视	107	10.5	909	89.5	1016	100.0
	冰箱	463	45.6	553	54.4	1016	100.0
	洗衣机	462	45.5	554	54.5	1016	100.0
	空调	805	79.2	211	20.8	1016	100.0
	燃气灶	459	45.2	557	54.8	1016	100.0
	移动电话	283	27.9	733	72.1	1016	100.0

总的来说，留守老人的居住状况尚可，但仍需要进一步改善。其中，

住房卫生条件急需改善，家中没有室内卫生间的留守老人数量不容小觑。是否拥有室内卫生间这一指标反映了住房卫生条件的情况，衡量了"住房体面"的程度。居住环境中卫生条件过差不仅会对老年人的健康状况和居住舒适度产生负面影响，而且会损害老年人的尊严。另外，还有近三成的留守老人没有移动电话。调查发现，移动电话是留守老人与其子女、亲友联系的主要方式。移动电话的缺失会影响老年人的社会交往以及与儿女亲戚朋友的沟通，不利于老年人的心理健康。因此，有必要改善农村留守老人的住房卫生条件与通信情况，增强居住的舒适性和便捷性，从而提高留守老人的居住质量与健康水平。

二　留守老人物质生活质量的主观评价

在收入、食品开支、住房和生活设施这四个方面，超过半数的留守老人对当前物质生活感到满意，但在医疗开支方面，有 44.2% 的留守老人持不满意的态度（见表 5-6）。

表 5-6　留守老人物质生活质量的主观评价

单位：%

	非常不满意	不太满意	有点不满意	一般	有点满意	比较满意	非常满意
收入	1.1	9.5	20.1	11.3	32.2	21.6	4.2
食品开支	0.7	4.7	13.2	8.7	34.3	35.6	2.9
医疗开支	2.3	15.9	26.0	8.4	22.0	22.3	3.1
住房	0.9	5.2	10.5	7.4	32.1	39.9	4.0
生活设施	0.7	6.3	11.3	9.5	33.4	35.0	3.7

农村留守老人对物质生活的满意度由高到低依次为住房（76.0%）、食品开支（72.8%）、生活设施（72.1%）、收入（58.0%）和医疗开支（47.4%）。留守老人在收入、医疗开支方面的满意度略低。老年人随着年龄增长，身体机能衰退，慢性病增多，医疗费用成为消费的重要支出。而随着年龄增长，个体获取收入的能力下降，其与医疗消费随年龄增长不断增加之间的矛盾导致留守老人的收支难以平衡。虽然新农合政策的实施使农村老年人"看病难、看病贵"的现象得到了较大的改善，但留守老人在

医疗费用支付方面，依然存在诸多有待解决的问题，如门诊报销门槛较高、高额医疗开支自付费用高等。

访谈中发现，部分患有疾病且医疗开支负担重的留守老人仍面临看病难的困境，对其生活质量造成负面影响。楚先生对生活持悲观态度，生活满意度为 6 分，幸福感为 5 分。原因是疾病负担较重，缺乏照料。楚先生除每月 70 元的新农保之外没有其他经济来源，靠村民的接济勉强度日。他说："餐餐煮稀饭吃，腌点萝卜吃，再有就是村子里的人接应一下。就怕得病，躺在床上不能动，没有人照顾。犯病时一时倒在地上就不省人事了，幸好有村民的帮助。儿子有时候会回来看看我，就是病的时候不幸福。"（楚先生，2017HY6）

另外，子女常年在外，不能给老人提供所需的照顾和支持，也是老人生活质量较低的重要原因。67 岁的曹先生身体状况较差，医疗费开销大，经常患病拖延不治。对于无力负担的医疗费用，他表示："没有钱还是舍不得看病，我去年打了 600 块钱的针，开了几天药，但 600 块钱一分都没有报销。"他希望子女能多来看看他，给他一些经济支持。他说："希望儿子、女儿能多来看看我，买点吃的给我，给一些钱花，100 多块钱就行。"（曹先生，2017HY9）

三　提升留守老人物质生活质量的建议

目前我国农村留守老人依旧采取的是传统的家庭养老为主、自我养老为辅、社会养老为补充的混合型养老模式。农村留守老人多依靠子女亲友的经济支持，子女的经济实力及其对老年人的赡养意愿直接影响农村留守老人的物质生活质量。由于农村资源有限、身体随着年龄的增长逐步衰弱等多种因素，留守老人经济自养能力不足，自我保障的持续性不容乐观。

总的来看，新时期农村的深入改革，使农村留守老人的基本生活得到了保障。农村留守老人的温饱问题已得到解决，其最为紧迫的基本生活需求得到满足。留守老人对食品开支、住房和生活设施的满意度较高，但仍存在部分留守老人的医疗开支负担较重的问题。切实减轻老年人的疾病经济负担，改善农村留守老人的健康状况，才能促进留守老人生活质量提升。

第一，大力发展乡村经济，吸引外出人员回流。在乡村经济方面，我国正处于正确处理工农关系、城乡关系的历史关口。基于这样的国情和农情的新变化，推动土地流转，发展规模化与现代化的农业势在必行。调查发现，留守老人已成为农业生产的主要承担者，这不仅加重了老年人的劳动负担，而且不利于生产力的提高。推动土地流转，通过农业的规模化与现代化提高农业产量与利润，不仅可以使老年人从土地转让和农业产品的增值中获取高于自己种地的收益，改善经济条件，而且可以使富余的老年人力资源从事体力消耗较少的工作。

第二，因地制宜发展乡土工业。各地方可以依据当地土产加工制造，发展以村为单位的集体工业。对陕西省 LQY 社区的调查发现，村里为老年人提供互助养老服务的日间照料中心的运转经费就来自之前村里建立的砖厂结余的利润。中央和地方政府要加大对农村经济的财政投入力度，引导社会资本投入农业，发展村集体经济。

第三，推动城乡人才逆向流动，吸引本土外出人员回流。不论是人才还是物资，如果像矿苗一样只取不回，经过一个时候这地方必定会荒芜（费孝通，2011：402）。一方面，继续推进与完善大学生村官项目，选取优秀的大学生回乡从事基层组织的工作，但应给予其公务员身份，以留住人才扎根乡村。另一方面，可以借鉴英国的做法，让退休的公务员回到家乡服务。推动城乡人才逆向流动，让乡土培植的人才重新服务于乡村经济社会的发展。这些乡土人才回流带来的新知识、新技术以及他们与本土居民根深蒂固的情感联系，都会成为乡村振兴重要而巨大的推力。只有发展乡村经济，创造更多的就业机会，使外迁子女回乡就业，才能从根本上解决子女对留守老人"孝而难养"的问题。

第四，针对经济困难的老年人提供医疗救助。经济条件对个人医疗服务的利用和就医行为有重要影响。农村老年人收入相对较低，而疾病发生率相对较高，受限于经济条件，部分老年人仍面临"看病难"的困境。因此，应针对经济困难的老年人建立健康档案，为患有慢性病，需要承担高额诊疗费用的老年人提供医疗救助，以避免其因病返贫。另外，为推动健康中国战略实施，引导农村老年人及时就医，可适当降低老年人门诊费用的报销门槛，将农村老年人高发的慢性病和重大疾病纳入新农合医疗费用报销的范围，提高新农合医疗费用报销的比例，减轻老年人的医疗开支负担。

第六章　农村留守老人健康生活质量的现状与评价

健康是人类最基本的需求。随着社会的进步、时代的发展，人们对健康的需求越来越强烈，健康问题也逐渐成为国际社会讨论的重要议题。健康是个多维度概念，1989 年世界卫生组织（WHO）对"健康"作了新的定义，指出"健康不仅是没有疾病，还包括躯体健康、心理健康、社会适应良好以及道德健康"。当前社会物质生活水平逐渐提高，营养状况不断改善，医疗水平持续提升，我国平均预期寿命也得到显著提高，但老年人晚年生活带病周期长，易遭受疾病的困扰，对老年人口的生活质量产生消极影响。人类对健康的追求是全生命周期的健康和全面的健康。人们对健康的认识也在不断深化和扩展。对健康的评判不仅要考虑医学方面的健康，也要考虑健康的心理状况和良好的社会适应能力。心理健康和身体健康密切相关，相互影响。健康是人全面发展的基础，提高人民的健康水平是国家软实力的一种体现。在中国社会深刻变革的时代研究农村留守老人的健康生活质量状况显得至关重要。

一　留守老人健康生活质量的客观评价

（一）留守老人的身体功能

如表 6-1 所示，95% 以上的农村留守老人具备良好的生活性自理能力，能独立完成包括吃饭、走动、上厕所、穿衣、洗澡的日常活动。只有少数留守老人需要他人帮助完成日常自理活动。其中，部分依赖他人完成的自理活动占比最高的前三位是走动、上厕所和洗澡，分别占比 4.5%、3.4% 和 2.3%。完全依赖他人完成这些自理活动的留守老人占比更少，只有

0.7%的老年人需要完全依赖他人帮助才能洗澡，0.6%的老年人需要完全依赖他人完成穿衣，需要完全依赖他人完成上厕所的老年人也仅占0.6%。

表6-1 留守老人的身体功能 （N = 1016）

单位：人，%

自理能力	完全依赖他人完成		部分依赖他人完成		能独立完成	
	人数	占比	人数	占比	人数	占比
吃饭	3	0.3	9	0.9	1004	98.8
走动	4	0.4	46	4.5	966	95.1
上厕所	6	0.6	35	3.4	975	96.0
穿衣	6	0.6	17	1.7	993	97.7
洗澡	7	0.7	23	2.3	986	97.0
做饭	28	2.8	42	4.1	946	93.1
购物	37	3.6	87	8.6	892	87.8
做清洁	26	2.6	76	7.5	914	90.0
乘坐公共汽车	67	6.6	139	13.7	810	79.7

大部分留守老人具有良好的工具性自理能力，90%及以上的留守老人能够独立做饭、做清洁，八成以上的留守老人能够独立完成购物，近八成的留守老人能够独立乘坐公共汽车。在这4项工具性自理能力中，相对最弱的是乘坐公共汽车的能力，需要部分依赖他人或完全依赖他人才能完成的留守老人分别占比13.7%和6.6%。

（二）留守老人的患病情况

如表6-2所示，超过90%的留守老人未患呼吸系统疾病、消化系统疾病、内分泌和代谢疾病、泌尿生殖系统疾病及恶性肿瘤。调查发现，近70%的老年人患有一种或多种慢性病，没有任何疾病的留守老人仅占30.7%。我国农村留守老人的健康状况不容乐观。循环系统疾病（心脏病、高血压、中风等）是留守老人中患病率最高的疾病（39.8%）；其次是关节炎（21.5%）。关节炎、糖尿病、心脏病和高血压与日常生活能力紧密相关（温兴祥，2017）。此外，其他5类疾病的患病比例均低于10%。

表 6-2　留守老人慢性病的患病情况（N = 1016）

单位：人，%

慢性病	是		否	
	人数	占比	人数	占比
呼吸系统疾病	90	8.9	926	91.1
消化系统疾病	96	9.4	920	90.6
循环系统疾病	404	39.8	612	60.2
内分泌和代谢疾病	73	7.2	943	92.8
泌尿生殖系统疾病	34	3.3	982	96.7
恶性肿瘤	22	2.2	994	97.8
关节炎	218	21.5	798	78.5
无病	312	30.7	704	69.3

进一步分析发现，六成以上的留守老人认为患病对自身生活具有比较大或非常大的负面影响，仅有0.3%的留守老人认为患病对生活没有影响。数据显示，在总样本1016位留守老人中，有效的观测样本是704位留守老人。其中有41.2%的留守老人认为患病对其生活产生了比较大的影响，22.0%的留守老人认为患病对其生活影响非常大，两者合计占比超过六成（见表6-3）。这说明，随着健康水平的下降，患病状态不仅使老年人承受身体和心理方面的痛苦，同时也给家庭增加了经济负担，对大多数留守老人的生活产生了较大的负面影响。

表 6-3　患病对留守老人生活的影响

单位：人，%

患病影响	人数	占比
没有影响	2	0.3
不太大	122	17.3
一般	135	19.2
比较大	290	41.2
非常大	155	22.0
总计	704	100.0

如表6-4所示，超过半数的留守老人不存在患病拖延治疗的情况，有病能及时就医。但仍有41.8%的留守老人会在患病后拖延两周再去接受治疗。

表 6-4　留守老人患病拖延不治的状况　($N = 1016$)

单位：人，%

	是		否	
	人数	占比	人数	占比
是否有病拖延两周治疗	425	41.8	591	58.2

进一步分析发现，在所有患病拖延不治的原因中，73.9%的留守老人是因为经济困难，43.1%的留守老人认为自身病情较轻。另外，由于交通不便、没有时间或者其他原因而拖延不治的比例分别为 9.6%、5.4% 和 7.5%（见表 6-5）。

表 6-5　留守老人患病拖延不治的原因

单位：人，%

患病拖延不治的原因	是		否	
	人数	占比	人数	占比
经济困难	314	73.9	111	26.1
自感病轻	183	43.1	242	56.9
没有时间	23	5.4	402	94.6
交通不便	41	9.6	384	90.4
无有效措施	65	15.3	360	84.7
其他原因	32	7.5	393	92.5

留守老人患病拖延不治的主要原因依次为经济困难、自感病轻和无有效措施。可见，经济条件是影响老年人健康水平的重要因素，较高的经济收入不仅能改善老年人的生活条件，而且能使老年人享受更好的医疗卫生服务，避免出现患病拖延不治的现象，促使其健康水平提升。另外，老年人对于疾病防治的认识不足与健康意识的欠缺也是留守老人患病后未就诊的重要原因。多数慢性病的治疗重在发病初期的及时诊治，从而控制病情的发展。对农村留守老年群体要加强健康教育，提升其健康意识。

（三）留守老人的心理健康状况

老年人抑郁量表总共 15 个问题。经过 SPSS 数据加总转换处理后，根据老年人抑郁量表得分，将老年人的心理健康状况分为四组：0~4分为"正常"，5~8分是"轻度抑郁"，9~11分是"中度抑郁"，12~15分则被认为是"重度抑郁"。

如表6-6所示，超过一半的留守老人心理健康状况正常。在有抑郁倾向的留守老人中，轻度抑郁的最多，占比为29.5%；其次是中度抑郁的留守老人，占比为12.1%；重度抑郁的人数最少，占比为8.3%。

表6-6　留守老人心理健康状况的描述性分析

单位：人，%

心理健康	人数	占比
正常	509	50.1
轻度抑郁	300	29.5
中度抑郁	123	12.1
重度抑郁	84	8.3
总计	1016	100.0

由表6-6可知，近半数留守老人存在不同程度的心理健康问题，其中轻度症状的居多。而留守老人出现心理健康问题的原因可能与其经济状况、受教育程度及社会支持有关。研究发现，因经济困难而患病拖延不治的留守老人比重较高，这可能会对其心理健康产生负面影响。老年人在患病后对未来的担忧、对生活风险无法控制的恐惧等悲观情绪的作用下容易产生抑郁心理。此外，老年人的幸福感与受教育程度呈正相关关系，即随着老年人受教育程度提高，其对生活的幸福感体验也会有所增强。调研发现，农村留守老人受教育程度普遍较低。受教育程度为小学及以下的占比85.0%，超过一半的老年人没有受过教育。较低的受教育程度会降低老年人的幸福感体验，加之子女外出务工，很难向父母提供情感支持，老年人缺乏精神慰藉，导致老年人心理健康状况不佳。

二　留守老人健康生活质量的主观评价

如表6-7所示，六成以上的农村留守老人对自己的身体健康状况感到满意，超过八成的农村留守老人对自己的心理健康状况感到满意。对自评心理健康感到满意的留守老人占比高达 81.1%，只有 10.8% 的留守老人对自己的心理健康状况不满意。另外，调查发现，留守老人对身体健康状况感到满意的比例（66.6%）低于对心理健康状况感到满意的比例（81.1%），对身体健康状况感到不满意的比例（25.8%）高于对心理健康状况感到不满意的比例（10.8%）。可见，大多数农村留守老人对自己的身心健康状况感到满意，并且心理健康状况的满意度高于身体健康状况的满意度。

表 6-7　留守老人健康状况的主观评价

单位：%

	非常不满意	不太满意	有点不满意	一般	有点满意	比较满意	非常满意
身体健康	1.2	6.0	18.6	7.6	32.4	30.8	3.4
心理健康	0.4	2.9	7.5	8.2	33.5	43.7	3.9

对于老年人而言，健康是晚年生活幸福的重要生理基础。身体健康的老年人能实现社会功能，如有余力还可以参加自己喜欢的休闲活动，帮助子女照顾孙辈。这不仅有利于其心理健康，而且促进了家庭关系的和谐。访谈发现，身体健康的老年人不仅心态良好、家庭和睦，而且生活满意度和幸福感评分均很高。80 岁的李女士，身体非常健康，没有任何病痛，是典型的知足常乐之人，容易满足，心态乐观，对生活持非常积极的态度。她说："我一点也不担心养老的事，我什么病都没有，没有进医院看过病。他们让我办医疗证我都不办，没有病办什么？"她对子女也很满意，她说："儿子女儿都挺孝顺，有什么要买的都会买给我，还会经常回来看看我。"（李女士，2017HY3）

身体健康状况较差则会导致老年人生活质量较差，幸福感较低。83 岁的陈女士，曾患乳腺癌，做过手术。老伴痴呆，儿子残疾，都需要老人照顾日常生活。当问到她对于养老最担心的是什么时，陈女士表示："要是生病了就惨了，拖累子女，小儿子也就没有人照顾了。"（陈女士，2018GJ8）

三　提升留守老人健康水平的建议

世界卫生组织于 1990 年提出"健康老龄化"战略，其目标是使老年人健康独立生活，寿命更长、生命质量更高。总的来看，大部分留守老人的生活性自理能力和工具性自理能力良好，但身体健康状况和心理健康状况仍存在一些问题。

在身体健康方面，留守老人慢性病患病率较高，大多患有一种及以上的慢性病，并且存在因经济问题和健康意识不足而拖延不治的就诊问题。老年人晚年长期经受慢性病的痛苦，生命周期内患病状况的延长成为影响老年人生活质量的重要因素。留守老人的非健康状况使其对医疗服务的需求日益增加，但医疗服务资源分配不均衡，医疗资源利用率低，且未富先老的现状是我国在人口老龄化浪潮中面临的巨大挑战。目前亟须加强慢性病的预防，倡导实现健康老龄化。

在心理健康方面，留守老人的心理健康状况整体较好，但仍有部分老年人存在不同程度的抑郁问题，其中轻度抑郁的老年人居多。导致精神疾病的因素与导致贫穷的因素有一定联系，包括受教育程度低、住房条件差和收入低。因此，有必要从多方面采取措施，改善留守老人的心理健康状况。

留守老人对自己的身体健康和心理健康的主观评价较高，对心理健康的评价高于对身体健康的评价。调查发现，身体健康状况和心理健康状况是影响留守老人生活满意度与幸福感的重要因素，身体健康状况和心理健康状况越好，留守老人的生活满意度和幸福感越高。因此有必要完善社会保障制度，构建关爱支持体系，促进其健康水平和生活质量提升，具体建议如下。

第一，以社区为依托，加强健康教育。老年健康教育是指通过教育活动，使老年人形成健康的生活方式，增强健康意识，提升健康管理技能，从而预防疾病，提高生活质量。通过健康知识教育，增加留守老人的保健知识与技巧，增强其自我保健意识，引导老年人形成健康的生活方式，提高健康水平。健康教育的内容非常广泛，凡是与促进老年人健康有关的事物均属健康教育的范畴，如人体生理机能、心理活动、生活行为以及周围的自然环境和社会环境对老年人健康的影响等（刘刚军等，2022）。我国老年健康教育城乡发展不平衡且差距大，农村地区老年健康教育薄弱。因此，有必要加强针对农村老年人的健康教育，提升其健康管理能力。以社区为依托，联合医疗机构和社会组织开展形式多样的社区教育活动，如以小品、戏剧等方式普及健康知识，尤其是健康生活方式和疾病预防方面的知识。以通俗易懂的方式改变农村留守老人错误的健康观念，科普常见的慢性病防控措施，引导农村留守老人养成正确的生活习惯。利用数字平台赋能社区健康教育，整合各类健康资源，提供个性化健康服务，创新健康教育模式，提高社区老年人健康信息获取的便利性，推动社区健康教育内容充实化和发展持续化。

第二，成立老年健康互助团体，增强健康意识。成立老年健康互助团体是应对老龄化挑战、提升老年人健康意识的重要举措。积极引导和鼓励城市退休医生、教师等银龄专业人才深入乡村地区，为农村留守老人提供健康教育培训和健康管理服务。这些银龄人才不仅能够填补乡村地区医疗资源的匮乏，还能通过面对面的交流与指导，提升乡村老年人的健康素养，教会他们如何科学地进行疾病预防、健康监测和自我保健。鼓励城市有相关专业知识和工作经验的老年人通过远程教学、志愿服务等形式，为农村老年人提供健康咨询、心理支持等服务。链接城乡健康资源，实现资源的优化配置，增进城乡老年人之间的情感交流。注重培养老年健康志愿者群体。通过组织培训、搭建平台等方式，鼓励低龄老人为高龄老人提供健康服务。志愿者群体不仅可以在日常生活中给予高龄老人实际的帮助和照顾，还能在精神上给予他们慰藉和支持，帮助他们缓解孤独感和无助感。这种互助行为也能在乡村社区内形成积极向上的氛围，激发更多老年人参与到健康互助团体中。

第三，充分发挥社会工作者的作用，了解老年人的健康需求。社会工作者可以深入农村社区进行家访，了解老年人的健康需求，建立老年人健康管理档案。采用个案管理的方式，协同基层卫生服务机构、社区、非营利组织等多个主体根据老年人的需求为其提供系统、科学和专业的健康服务。相关部门应加大投入力度，培养具备专业老年健康服务知识的社会工作者，促进老年健康服务队伍的专业化。专业的医务社工可以为老年人提供定期体检服务，帮助老年人做好疾病的预防和提升自我管理能力。

第七章　农村留守老人社会参与的现状与评价

社会参与是与社会学、政治学和心理学密切相关的一个概念。尽管不同学者对老年人的社会参与给出了不同的定义，但总体上都强调要与他人发生联系并在互动中实现自我价值（谢立黎、汪斌，2019）。从内容上看，老年人的社会参与呈现出从经济层面和社会层面向家庭层面和个人层面拓展、从正式参与向非正式参与拓展的趋势。为了应对人口老龄化挑战而提出的积极老龄化战略是"健康""参与""保障"三方面的有机结合。"积极老龄化"将老龄人口的社会参与从经济领域扩展到社会各个方面，目的是使所有老年人口，包括那些残疾、虚弱和需要照料的老年人，都能提高健康预期寿命和生活质量（刘文、焦佩，2015）。适当的社会参与对老人的健康有促进作用，休闲生活的丰富是社会进步的表现，而且可以反映我国新农村建设中农村文化建设的效果。按照马斯洛的需求层次理论，老年人的社会参与是归宿、社交或情感等较高层次需求占主导的体现。关注农村留守老人社会参与的现状与需求的满足程度，有利于促进老年人养成健康的生活习惯，积极主动地适应生活，从而在身体、社会、心理方面保持良好的生活状态。

一　留守老人社会参与的客观评价

（一）留守老人的劳动参与状况

如表 7-1 所示，有 54.8% 的留守老人参与了农业劳动，10.7% 的留守老人参与了非农劳动。农业生产具有季节性的特点，留守老人农忙和农闲时的劳动时间有较大差异。农忙时，参与农业劳动的留守老人每周的劳动

时间平均高达 40.28 小时，明显高于农闲时参与非农劳动的时间（29.22
时/周）。农业劳动属于繁重的体力劳动，青壮劳动力多半外出工作，加重
了留守老人的农业劳动负担。调查数据显示，部分留守老人每周农业劳动
时间长达 36 小时及以上。这说明，留守老人不仅参与农业劳动的比例较
高，而且劳动时间较长。

表 7-1　留守老人的生产劳动状况

生产劳动	时间（时/周）	人数（人）	占比（%）	人数（人）	均值（时/周）	标准差（时/周）
农业劳动	0	460	45.3	556	40.28	23.46
	1~35	279	27.5			
	≥36	277	27.3			
	总计	1016	100.0			
非农劳动	0	907	89.3	109	29.22	23.34
	≥1	109	10.7			
	总计	1016	100.0			

进一步分析发现，在参与农业劳动的 556 位留守老人中，65.6% 的留
守老人认为农业劳动负担重（见表 7-2）。其中，认为农业劳动负担有点
重的人数最多（26.4%）；其次是认为农业劳动负担非常重的，占比
21.2%。由于子女外出务工改变了留守老人的家庭结构，家庭劳动力减少，
相当一部分农村留守老人承受着较为沉重的农业劳动负担。

表 7-2　留守老人的农业劳动负担

单位：人，%

农业劳动负担	人数	占比
不重	93	16.7
一般	98	17.6
有点重	147	26.4
比较重	100	18.0
非常重	118	21.2
总计	556	100.0

从表 7-3 可以看出留守老人照顾孙辈的时间投入分布状况。32.1% 的

留守老人承担了照顾孙辈的任务。其中，9.2%的留守老人每周照顾孙辈的时间为 20 小时及以下，12.9%的留守老人照顾孙辈的时间为 21~40 小时，10.0%的留守老人照顾孙辈的时间达到和超过 41 小时。子女由于外出务工难以兼顾家庭，大多留下年幼的孩子同老人一起生活，造成部分农村留守老人不仅需要参与生产劳动，还要承担日常家务劳动和照料孙辈的重任。调查发现，留守老人每周照顾孙辈的时间均值为 36.32 小时，其中每周照顾孙辈时间达到 56.00 小时的人数最多。

表 7-3 留守老人照顾孙辈的状况

	时间（时/周）	人数（人）	占比（%）	人数（人）	均值（时/周）	标准差（时/周）	中位数（时/周）	众数（时/周）
照顾孙辈	0	690	67.9	326	36.32	28.29	28.00	56.00
	≤20	93	9.2					
	21~40	131	12.9					
	≥41	102	10.0					
	总计	1016	100.0					

由表 7-4 可知，照顾孙辈的任务对留守老人造成了一定的压力。在照顾孙辈的留守老人中，认为照顾孙辈的负担有点重、比较重和非常重的留守老人合计占比 47.8%，仅有 23.9%的留守老人认为照顾孙辈的负担不重。

表 7-4 留守老人照顾孙辈的负担

单位：人，%

劳动负担	人数	占比
不重	78	23.9
一般	92	28.2
有点重	65	19.9
比较重	66	20.2
非常重	25	7.7
总计	326	100.0

由于子女长期不在身边，留守老人在得不到子女提供的日常生活照料、情感慰藉的情况下，还要同时承担农业生产劳动和照顾孙辈的责任，劳动负担较重。调查显示，超过半数的留守老人仍在从事农业生产活动，

同时还有超过三成的留守老人需要抚养孙辈。目前村委会并没有为留守老人提供劳动支持，留守老人的劳动负担较重，绝大多数留守老人只能依靠自身力量应付。

（二）留守老人的休闲生活状况

如表 7-5 所示，在农村留守老人参加的休闲活动中，参加人数最多的三项是聚会聊天、看电视/听广播和棋牌麻将活动，占比分别为 68.2%、65.8% 和 15.8%。相对而言，参与集体健身活动、社会组织的活动、旅游、读书/看报和其他的社会活动的比例较低，参加旅游活动的仅占比 1.6%。另外，在过去的一个月中，有 13.5% 的留守老人没有参与任何休闲活动。这说明农村留守老人的休闲活动贫乏，部分老年人对于休闲活动的参与度不高。

表 7-5　留守老人的休闲生活状况 （$N = 1016$）

单位：人，%

休闲生活状况		是		否	
		人数	占比	人数	占比
休闲活动	棋牌麻将活动	161	15.8	855	84.2
	集体健身活动	50	4.9	966	95.1
	聚会聊天	693	68.2	323	31.8
	社会组织的活动	19	1.9	997	98.1
	旅游	16	1.6	1000	98.4
	看电视/听广播	669	65.8	347	34.2
	读书/看报	84	8.3	932	91.7
	其他的社会活动	26	2.6	990	97.4
	以上全无	137	13.5	879	86.5
社区休闲活动场所和设施	老年活动室	280	27.6	736	72.4
	体育场地/锻炼设施	497	48.9	519	51.1
	图书室	290	28.5	726	71.5
	棋牌室	232	22.8	784	77.2
	有线电视/广播站	320	31.5	696	68.5
	其他的活动场所和设施	34	3.3	982	96.7
	以上全无	342	33.7	674	66.3

休闲生活状况		是		否	
		人数	占比	人数	占比
社区组织的 休闲活动	集体健身活动	245	24.1	771	75.9
	棋牌麻将活动	61	6.0	955	94.0
	兴趣小组活动	61	6.0	955	94.0
	看电影、看戏	406	40.0	610	60.0
	旅游参观活动	24	2.4	992	97.6
	其他活动	10	1.0	1006	99.0
	以上全无	476	46.9	540	53.1

调查发现，部分农村社区设置了老年人的休闲活动设施，为丰富老年人的精神文化生活提供了硬件保障。其中，48.9%的老年人表示所在社区有体育场地/锻炼设施，31.5%的老年人表示所在社区设置了有线电视/广播站，28.5%的老年人表示所在社区有图书室。设有老年活动室的社区比例相对较低（27.6%），另有33.7%的老年人表示所在社区没有任何活动场所或设施。

从社区组织的休闲活动看，活动类型较为单一。大多数休闲活动是看电影、看戏（40.0%），其次为广场舞等集体健身活动（24.1%），社区组织的棋牌麻将活动、兴趣小组活动（戏曲、书画）、旅游参观活动较少。另外，有46.9%的老年人表示社区在过去的一年中没有组织任何活动。这说明在留守老人所生活的社区中，组织开展的休闲活动形式单一，种类较少，休闲娱乐资源比较匮乏。

总的来说，由于社区为老年人设置的休闲活动场所及设施未完全普及，社区组织的活动较为缺乏，留守老人在闲暇时间的活动多为聚会聊天以及看电视、听广播等，休闲方式单调，休闲生活质量有待提高。

二　留守老人社会参与的主观评价

老年人的社会参与主要包括参加社会经济发展活动、家务劳动、社会文化活动、人际交往、旅游活动和在家庭范围内参与文化娱乐活动（杨宗传，2000）。如表7-6所示，60.5%的留守老人对总的休闲生活感到满意，超过半数的留守老人对生产劳动、社区休闲场所和设施、社区组织的休闲活动这三个方面的社会参与状况表示满意。

表7-6　留守老人社会参与的主观评价

单位：%

社会参与	非常不满意	不太满意	有点不满意	一般	有点满意	比较满意	非常满意
生产劳动	4.2	8.1	18.7	15.8	30.5	20.9	1.8
休闲场所	3.1	9.4	22.2	12.3	32.0	19.2	1.9
社区活动	3.5	10.9	22.8	12.3	31.6	17.7	1.1
社会活动	4.8	13.2	19.4	14.2	30.3	16.8	1.3
休闲生活	1.5	7.4	17.7	12.9	35.2	23.1	2.2

注：休闲场所指的是社区休闲场所和设施，社区活动指的是社区组织的休闲活动，社会活动指的是参加的社会活动，休闲生活指的是总的休闲生活。

农村留守老人对于社会参与状况的满意度由高到低依次为总的休闲生活、生产劳动、社区休闲场所和设施、社区组织的休闲活动和参加的社会活动。除了参加的社会活动一项，其余各项感到满意的人数均超过了五成，留守老人最不满意的三项社会参与是参加的社会活动（37.4%）、社区组织的休闲活动（37.2%）及社区休闲场所和设施（34.7%）。可见，农村留守老人的主要社会参与是生产劳动和形式简单的文化娱乐活动。由于缺乏组织及相关资源，农村留守老人参与志愿活动、公益活动等社会活动的比例较低。

三　促进留守老人社会参与的建议

《2002年老龄问题国际行动计划》提出，"要确保老年人充分享有经济、社会和文化权利，并消除对老年人的一切形式的暴力和歧视"，"使老年人通过有收入的工作和志愿工作，充分和有效地参与社会的经济、政治和文化生活"（孙鹃娟等，2014）。实现老有所为，提高老年人生活质量的有效途径就是为老年人创造平等参与经济、政治、社会的机会，使其通过从事有价值的活动，为社会做出持续性的贡献。我国人口平均预期寿命增加，但仅仅延长生命而不提高生命质量是没有意义的，要关注如何提高老年人全生命周期的健康水平和社会适应能力。研究发现，农村老年人的劳动能力下降，但劳动参与率高，劳动负担大，加剧了老年人身体功能的老化。身体功能差不仅缩小了老年人的生活范围和空间，减少了老年人的社会参与，还容易增加老年人的心理压力，使其产生抑郁心理。而且，当今社会智能产品不断出现和更新，深刻改变着我们的生活方式。数据分析表明，大多数的农村留守老人受教育程度不高，获取外部资源的能力有限。他们的社会接受能力和人际融合能力不足以应对信息时代社会变化的挑战。社会参与有利于提升留守老人的心理功能和社会功能，提高其自我养老的能力。因此，增加留守老人的知识与技能，保障留守老人晚年的社会参与是提升其生活质量的重要方式，具体建议如下。

第一，发展农村老年教育，提高留守老人的社会参与能力。在积极老龄化战略下，政府及其他社会组织应通过建立专业的老年服务队伍，探索发展本土化的农村老年教育，把老年教育向农村社区延伸。基层组织可以与高校联合设立老年教育项目，针对老年人的社会化需求，为农村留守老人提供低成本或免费的课程。留守老人可以利用农闲的时间参加1~3周的课程，学习各类知识。其目的是帮助留守老人增加新的知识，更好地融入社会，具体作用体现在以下两个方面。首先，通过教育项目解决老年人面临的"数字鸿沟"问题，提高老年人对社会环境改变的适应能力。其次，从老年人面临的现实困境出发，考虑老年人的个人感受和尊严，以社区互助小组的形式，同留守老人交流沟通当今社会文化现象和信息，教留守老人使用生活中接触到的智能设备。通过帮助留守老人跨越"数字鸿沟"和"时代鸿沟"，拓展留守老人的社会生活空间，增强留守老人的社会融入感，防止留守老人与社会脱节。

第二，依托社区平台开展多种形式的活动，增加留守老人的社会参与。农村留守老人对总的休闲生活与生产劳动的满意度较高，但对参加的社会活动、社区组织的休闲活动以及社区休闲场所和设施的满意度较低。老年人的社会参与不仅能体现其个人价值，而且能促进其健康水平和生活质量的提高。村委会应加强对老年人休闲活动场所和设施的建设，并与社会组织合作开展活动，增加老年人的社会参与。

一是丰富多彩的文娱活动。建议依托社区的文化体育设施，开展针对老年人的体育健身、文化艺术等丰富多彩的活动。通过持续开展太极拳、八段锦、扇子舞等适合老年人的体育项目，缓解老年人的生理和心理问题。通过组建手工艺小组、合唱团、舞蹈队等培养老年人的兴趣爱好，促进留守老人的社会参与，增进他们的人际交流，使其保持良好的心态。

二是公益活动，如环境保护、照料他人等志愿服务活动。当前我国农村老龄化程度高于城镇，养老服务人员负担重，养老服务供给严重不足。农村老年人力资源供给规模远大于城镇，但因知识技能不足、思想观念落后及缺乏组织引领等制约，大量银龄人力资源未被有效利用。调查发现，36.4%的老年人愿意成为志愿者照顾他人，36.7%的老年人愿意提供有偿照顾他人的服务。社区、社会工作者、社会组织和社区志愿者应联合起来开展促进活动。一方面，社区、社会组织可以通过开展宣传教育活动，帮助老年人树立自助互助的新型养老观念，培育老年人的有偿服务供给意识。另一方面，农村老年人普遍受教育程度较低，专业的照护知识与技能较为缺乏。社会工作者、社区志愿者可通过小组工作、社区工作等方法，组织老年人学习护理方面的相关技能，提升服务能力和服务质量，更好地适应市场需求。

三是政治活动，如参与基层选举投票、参与基层管理等。通过促进农村留守老人的社会参与，实现老有所为、老有所乐。在活动中，要注意发挥留守老人的主体作用，增强老年人的自信心和能力，使其重新审视生命历程与自我价值，推动老年人的自我实现。促进留守老人以多种形式参与社会发展，能够丰富老年人的生活，提高其生活质量。

第八章　农村留守老人非正式社会支持的现状与评价

社会支持通常分为正式社会支持和非正式社会支持。非正式社会支持是指家庭、亲朋在经济资源、生活照料、情感慰藉方面给予的支持。唐丹等（2006）认为，从中国的文化特点来看，在集体主义的国家，与他人交往，得到他人、家庭、所属团体单位的接纳和帮助对个人来说非常重要。人是社会性动物，是一切社会关系的总和。随着年龄的增长，老年人的社会支持网络趋于弱化，非正式社会支持发挥的作用越来越大。家庭和睦与人际关系融洽有助于老年人生理和心理健康，进而能够提高其生活质量。

一　留守老人非正式社会支持的客观评价

（一）经济支持的现状

如表 8-1 所示，对为农村留守老人提供经济支持的主体的分析表明，接近九成的老人的经济来源主要是子女的经济支持。调查数据显示，在家庭支持系统中，配偶能够给老人提供经济支持的人数占比为 81.7%，儿子和女儿能够提供经济支持的分别占比 89.0% 与 89.2%。在非正式社会支持系统中，邻居和朋友能够给老人提供经济支持的占比都达到了三成以上，而且亲戚给予留守老人经济支持的比例达到了 47.9%，说明留守老人所接受的经济支持程度受血缘亲疏关系的影响，这符合中国传统社会结构中社会关系的差序格局特征。

表 8-1 农村留守老人的经济支持状况

单位：人，%

支持者	观测人数	能		不能	
		人数	占比	人数	占比
配偶	699	571	81.7	128	18.3
儿子	924	822	89.0	102	11.0
女儿	789	704	89.2	85	10.8
邻居	1016	334	32.9	682	67.1
朋友	928	365	39.3	563	60.7
亲戚	1016	487	47.9	529	52.1

调查发现，在农村留守老人的经济支持中，子女占主导地位。在我国传统"孝"文化的影响下，外出务工的子女一般会通过给予其留守父母经济方面的支持来补偿在日常照料方面的缺失。

（二）生活支持的现状

留守老人的生活支持主要包括家庭支持和亲友支持。由表 8-2 可知，生活支持的供给量由高到低的主体分别是配偶、女儿、儿子、邻居、朋友和亲戚。

表 8-2 农村留守老人的生活支持状况

支持系统	支持者	人数（人）	均值	标准差
家庭支持系统	配偶	699	3.63	1.045
	儿子	924	1.51	0.977
	女儿	789	1.54	0.874
	总计	1016	1.69	0.806
亲友支持系统	邻居	1016	1.29	1.317
	朋友	928	1.12	1.241
	亲戚	1016	0.76	0.805
	总计	1016	1.02	0.922

生活支持提供的频率包括从不（赋值 0）、一年几次（赋值 1）、每月至少一次（赋值 2）、每周至少一次（赋值 3）、几乎天天（赋值 4）。如表

8-2 所示，在家庭支持系统中，配偶对留守老人提供的生活照料最多，其平均次数达到了每周至少一次。来自儿女的生活照料则相对较少，介于一年几次和每月至少一次之间。这说明，在农村留守老人的生活支持中，配偶占主导地位，而子女次之。农村留守老人，尤其是丧偶留守老人的生活照料需求应引起重视。

在亲友支持系统中，对留守老人提供生活照料的主要支持者是邻居，其次是朋友，两者所提供的生活支持介于一年几次和每月至少一次之间；留守老人从亲戚处所获得的生活支持较少，介于从不和一年几次之间。农村留守老人的生活支持程度受地缘远近的影响。应发挥农村浓厚的人情社会在留守老人养老问题方面的优势，建设互帮互助的老年友好型社区。

（三）情感支持的现状

情感支持一般泛指情感上给予的一切鼓励、关心和爱护。由表 8-3 可知，在家庭支持系统中，对留守老人提供情感支持最多的是配偶，儿子和女儿向留守老人提供的情感支持次之。

表 8-3　农村留守老人的情感支持状况

支持系统	支持者	人数（人）	均值	标准差
家庭支持系统	配偶	699	3.65	0.949
	儿子	924	1.69	1.034
	女儿	789	1.80	0.991
	总计	1016	1.82	0.854
亲友支持系统	邻居	1016	2.20	1.361
	朋友	928	2.06	1.376
	亲戚	1016	1.11	0.822
	总计	1016	1.73	0.914

情感支持提供的频率包括从不（赋值0）、一年几次（赋值1）、每月至少一次（赋值2）、每周至少一次（赋值3）、几乎天天（赋值4）。由表 8-2 和表 8-3 可知，农村留守老人的主要生活支持和情感支持来源是配偶，其次是子女。一方面，由于子女长期外出务工，不与老人一起居住，大多数时间能给留守老人提供日常生活照料的只有朝夕相处的配偶。另一方

面，外出工作的子女返乡少，很难向留守父母及时提供情感支持。在亲友支持系统中，给老人提供情感慰藉的主要支持者是邻居和朋友，频率介于每月至少一次和每周至少一次之间；亲戚所提供的情感支持较少，其平均次数在一年几次和每月至少一次之间。

上述分析表明，空间距离的远近是影响农村留守老人生活支持和情感支持的主要因素。这也印证了"远亲不如近邻"的说法，当遇到紧急情况的时候，社区内的近距离支持显得尤为重要。

（四）代际联系的现状

大部分留守老人拥有一个儿子或一个女儿，且后代为女儿的数量略少于后代为儿子的数量（见表8-4）。主要原因在于养儿防老的传统观念根深蒂固，在农村延续香火、继承财产的都是儿子。另外，宗族关系在农村比较重要，没儿子的老人在村里没有地位。在调查中，问及老人"您有几个孩子"时，有的老人甚至不将外嫁的女儿计算在内，这说明在农村地区，重男轻女的思想仍然普遍存在。

表 8-4 留守老人子女的数量 （$N = 1016$）

单位：个

子女数量	均值	标准差	中位数	众数
儿子数量	1.60	0.98	1.00	1
女儿数量	1.43	1.16	1.00	1

如表8-5所示，留守老人与子女的联系方式主要是电话联系。调查发现，留守老人每年与子女见面的次数约为27次，近半数留守老人每年与子女见面次数少于6次，多数留守老人一年仅与子女见面一次。留守老人每年与子女电话联系的次数约为40次，近半数的留守老人每年与子女电话联系的次数多于20次，多数留守老人每月与子女有一次电话联系。由于子女长期在外打工，与农村留守老人的情感交流较少，通常仅靠电话与老年父母联络，这在一定程度上导致子女与老人亲情的疏离。留守老人长期处于"空巢"状态，缺乏亲人的陪伴，容易产生孤独感，不利于其身心健康。

表 8-5　留守老人与子女的联系（*N* = 1016）

单位：次/年

联系方式	均值	标准差	中位数	众数
见面交往	26.61	67.214	6.00	1
电话联系	40.16	67.664	20.00	12

（五）人际交往的现状

如表 8-6 所示，留守老人所拥有朋友的数量大约是 3 个，多数留守老人只有 2 个朋友。这说明，农村留守老人社会交往的范围有限，朋友不多。

表 8-6　留守老人的朋友数量（N = 1016）

单位：个

	均值	标准差	中位数	众数
朋友数量	2.88	2.694	2.00	2

留守老人与朋友的交往方式主要是见面交往。如表 8-7 所示，虽然大多数留守老人不会与朋友电话联系，但几乎每天都会见面。由此可见，农村留守老人倾向于面对面的人际交往方式，平均每隔一天就会与朋友见面，但电话联系较少。这是因为，一方面，农村留守老人生活的村落是一个熟人社会，而且老人的大部分时间可以自由支配；另一方面，聚族而居的居住方式使老年人更便于见面。

表 8-7　留守老人与朋友的联系（*N* = 1016）

单位：次/周

联系方式	均值	标准差	中位数	众数
见面交往	3.79	4.751	3.00	7
电话联系	0.50	1.376	0.00	0

二　留守老人非正式社会支持的主观评价

如表 8-8 所示，绝大多数的留守老人对夫妻关系、子女孝顺和家庭和睦感到满意，近八成的留守老人对人际关系持满意态度。调查显示，留守老人在夫妻关系、子女孝顺和家庭和睦方面的主观评价较高，比较满意和非常满意的合计占比分别为 72.5%、68.8% 和 71.7%。可见，家庭养老仍是我国农村最主要、最普遍的养老方式，也是我国传统文化中"孝"的集中体现。

表 8-8　留守老人非正式社会支持的主观评价

单位：%

	非常不满意	不太满意	有点不满意	一般	有点满意	比较满意	非常满意
夫妻关系	0.4	0.9	1.9	3.3	21.0	48.9	23.6
子女孝顺	0.7	1.3	3.7	3.8	21.7	54.0	14.8
家庭和睦	0.5	0.9	3.4	3.1	20.4	58.7	13.0
人际关系	0.6	4.4	7.1	8.4	27.3	44.9	7.4

人际关系是通过人际交往与人际沟通的共同活动形成的直接的心理关系，它反映了个体寻求归属感、认同感的心理需要。79.6% 的留守老人对人际关系感到满意，感到比较满意和非常满意的留守老人合计占比 52.3%。可见，大部分留守老人的人际关系和谐。总的来说，留守老人对家庭支持系统的满意度高于对亲友支持系统的满意度。农村留守老人对家庭更有归属感与认同感。

访谈发现，子女孝顺对农村留守老人的生活质量有很大影响。李先生对生活的满足感主要源于子女的孝顺，儿子对其帮助很大，李先生对儿子很满意。当问及对于养老问题是否担心时，李先生说："我不担心，儿子很孝顺。不管遇到什么问题就靠儿子。我儿子也说了，他宁可自己挨饿也不会让我挨饿。"（李先生，2017HY1）

同样，家庭和睦的留守老人生活质量更高，幸福感也更高。黎先生家里的经济情况较好，无任何经济上的负担，有一个儿子和一个女儿，家庭成员平均文化素质较高。他认为养老主要靠自己和子女，他说："我自己有收入，也存了点钱，养老没问题。我还有儿子媳妇，我养他小，他养我老，这是天经地义的事。他们听话，很诚实，所以他们会尽心尽力，很孝顺，家庭很和睦。"（黎先生，2017HY2）黎先生的生活满意度和幸福感评价均为 8 分。

三　加强留守老人非正式社会支持的建议

(一) 孝文化建设和法律保障双管齐下，加强留守老人的家庭支持

数据分析表明，子女孝顺对留守老人的生活非常重要，而留守老人对子女孝顺的满意度低于其期待的水平。留守老人与子女联系的主要方式是电话联系，约有一半的留守老人每年与子女见面次数少于 6 次。无法近距离地进行情感交流，容易使老年人产生孤独感与无助感，不利于老年人的身心健康。在访谈中也发现，有些留守老人未得到子女的任何帮助，生活处于无依无靠的状态。年轻劳动力外出务工可以改善农村家庭的经济状况，但这可能要以降低老年人精神需求的满足感为代价。数据表明，留守老人需要的经济供养、生活照料和情感慰藉大多还是源于家庭成员。家庭是留守老人非正式社会支持的重要组成部分。个体从家庭获得的情感支持远胜于物质上的援助。但经济发展带来社会思想潮流的多元化，农村社会的孝观念逐渐淡化。所以有必要倡导孝文化，强化家庭和子女在赡养留守老人中的主体责任，突出其法定义务，维护留守老人的基本权益，提升留守老人的幸福感。

一是在社会层面，充分发挥老年人组织、村民互助服务组织、社会工作服务机构的作用。在开展农村精神文明建设工作时要做好对传统孝文化资源的挖掘，加强宣传工作，弘扬有感染力和号召力的尊老、爱老、助老先进事例。通过积极开展孝老敬亲家庭的评选活动，营造浓厚的孝老敬亲的文化氛围。孝敬父母是中华民族的传统美德，在农村劳动力不断流出的现实状况下，留守选择的背后或许也有着复杂的个人、家庭和社会原因，但对于留守老人所在的家庭来说，需要给予老人更多的关注和照料来提高其晚年生活质量。为留守老人提供经济保障方面的社会投资以及晚年的医疗保险，对于改善老年人的心理健康状况以及提高其生活满意度至关重要。

二是在家庭层面，子女要尽力满足留守老人的物质和精神需求，保持家庭和睦与良好的代际关系。子女要懂得感恩，给父母提供经济支持，减

轻留守老人的劳动负担；日常关心老年人的身心健康，在老年人没有生活能力时，要依法履行赡养义务；除了通过电话通信设备增加与家中留守老人联系和交流的次数，还要多回家看看，让老年人获得情感慰藉。

三是在法律层面，切实保护老年人的合法权益。2013 年 7 月 1 日起施行的《中华人民共和国老年人权益保障法》第十四条规定："赡养人应当履行对老年人经济上供养、生活上照料和精神上慰藉的义务，照顾老年人的特殊需要。"基层组织应积极开展关于保护老年人的法律宣传活动，提高年轻人的法律意识，增强儿女赡养父母的责任心。在加强普法教育的同时，通过法律手段把经济供养与精神赡养落实。若有多个子女，可由子女协商制定赡养协议，满足留守老人的基本生活需求和就医需求，切实保护农村留守老人的合法权益。数据分析表明，女性留守老人的心理健康状况相比男性差，丧偶的比例更高。因此，对于女性留守老人，子女应该给予更多的精神支持。

（二）加强邻里亲朋的互帮互助，建立良好的人际支持网络

詹奕等（2015）研究家庭和非家庭社会关系对老年人生活满意度的相对贡献时得出，在传统的家庭结构和孝文化变迁的背景下，老年人与子女的关系对我国老年人的生活满意度仍有重要贡献。同时，与西方社会一致，非家庭关系对我国老年人的生活满意度也发挥着不可替代的作用。数据分析表明，人际支持是留守老人获得家庭之外社会支持的主要来源。"远亲不如近邻""好友即至亲"等俗语都说明邻里亲朋在个人非正式社会支持网络中发挥着重要的作用。邻居、朋友在与留守老人日常交流、接触中，给老人提供力所能及的帮助和情感慰藉。和谐的邻里亲朋关系能够拓展留守老人的社交范围，促进留守老人身心健康。建议依托社区平台，联合社会组织，通过专业化的社会工作人才队伍组织社区活动，增强邻里之间的互动和情感联系，增进彼此之间的帮扶意识和技能，营造社区互帮互助的良好氛围。另外，研究发现，中部地区的留守老人和女性留守老人在人际关系方面的支持相对较弱。因此，需要特别重视拓展中部地区留守老人与女性留守老人的社会网络，以发挥社会资本提升农村留守老人精神健康水平的作用。

第九章　农村留守老人正式社会支持的现状与评价

　　弱势群体是一个在社会性资源分配上具有经济利益的贫困性、生活质量的低层次性和心理承受能力的脆弱性的特殊社会群体，农村老年人符合这一特征（颜宪源、东波，2010）。在我国社会转型过程中，工业化和城市化进程使家庭结构发生变化，个人和家庭的风险增大，农村留守老人处于社会资源分配的弱势地位，应对风险的能力不足，提高了对政府保障的要求。经济社会的快速发展和国家脱贫攻坚的顶层设计，使我国反贫困从消除绝对贫困向解决相对贫困转变。人民生活水平的提高，使其对高水平的社会保障和高质量的公共服务的诉求越来越强烈。正式社会支持是对弱势群体资源获取不足的补充，对社会的稳定发展和实现公平正义有着重要意义。所以，可以通过社会保障和公共服务提高留守老人的生活质量。林卡（2013）把"生活质量-社会质量"这一视角作为社会政策分析的立脚点，认为在"好社会"的目标追求中，要同时关注生活质量和社会质量这两个方面，把社会政策作为推进社会进步的手段和工具。正式社会支持的发展程度和一个国家的社会经济发展水平、社会文明程度、人们对社会保障制度的认识、政府的治理能力和治理理念有关。面对新的发展环境和社会问题，解决市场经济发展过程中的不平衡、资源分布不均、公共服务供需不对称等问题，要发挥政府在社会保障方面对人们基本生活的保障作用，完善再分配机制，提高资源配置效率，协调各方利益群体，推动社会政策走向普惠，用以人为本的理念满足公众的公共服务需求。

一　留守老人正式社会支持的客观评价

（一）社会保障的状况

　　如表 9-1 所示，绝大多数留守老人参加了新型农村社会养老保险（新农保）和新型农村合作医疗（新农合）。参保意愿是参保率的决定因素，也是新农保政策能顺利实施的关键。新农保作为农村老年人社会保障的重要组成部分，参保率较高，说明该政策通过"个人缴费、集体补助、政府补贴"筹集方式的优势逐渐实现了"广覆盖"的基本目标。参与新型农村合作医疗的留守老人占比为88.5%。可见，留守老人的参合率也很高。新型农村合作医疗制度以"大病统筹"为主，目的是缓解农民因患大病的高额开支而致贫和返贫的问题。自实施以来，在农村得到了迅速的推广，说明该项医疗政策贴合留守老人的需要，在一定程度上增强了农民抵御大病风险的能力，减轻了老年人在医疗方面的经济负担。

表 9-1 留守老人新农保与新农合的参与现状 （$N = 1016$）

单位：人，%

	有		没有	
	人数	占比	人数	占比
新农保	877	86.3	139	13.7
新农合	899	88.5	117	11.5

留守老人新农保领取金额情况如表9-2所示。留守老人平均每月可领取约104元新型农村社会养老保险金，半数留守老人每月可领取75元以上，其中，每月领取70元的人数最多。新农保的筹资采取"个人缴费、集体补助、政府补贴"相结合的方式。其中个人缴费设有5个档次，分别是每年100元、200元、300元、400元和500元，地方可根据实际情况进行调整。参保人每月领取的养老金额是个人账户每月提供的养老金额与中央政府提供的基础养老金（55元）的总和。分析显示，个人账户每月的养老金额平均约为49元，说明受益人的缴费档次不高。

表 9-2 新农保领取金额的现状

单位：元/月

	均值	标准差	中位数	众数
新农保可领取的金额	103.85	176.95	75	70

留守老人新农合报销比例状况如表9-3所示。新农合报销比例为51%~80%的人数最多，占总样本的比重为68.2%。有20.4%的留守老人报销比

例在 50% 及以下。报销比例为 80% 以上的最少,仅占 11.5%。虽然新农合在一定程度上提高了参合农民的就医能力,但对于需要长期服药的老年人来说医疗开支负担还是较重。

表 9-3　新农合报销比例的现状

单位:人,%

报销比例	人数	占比
50%及以下	183	20.4
51%~80%	613	68.2
80%以上	103	11.5
总计	899	100.0

(二) 公共服务的状况

社区医疗机构的设置状况、到达最近医疗机构和养老机构的距离是衡量养老服务资源和医疗服务资源可及性的重要指标。如表 9-4 所示,卫生室是留守老人日常看病的主要医疗机构,81.8% 的留守老人表示所在社区有卫生室,其次是诊所和医院,分别为 53.2% 和 42.1%。只有 3.2% 的留守老人表示,所在村镇没有医疗机构。这说明在我国农村地区,基层医疗机构保障面较广,农村留守老人基本上能够就近就医,基层医疗服务资源的可及性较高。

表 9-4　社区医疗机构的设置状况 (N = 1016)

单位:人,%

	是		否	
	人数	占比	人数	占比
医院	428	42.1	588	57.9
卫生室	831	81.8	185	18.2
诊所	541	53.2	475	46.8
以上全无	33	3.2	983	96.8

如表 9-5 所示,留守老人到达最近医疗机构的距离小于到达最近养老机构的距离。具体表现为,留守老人从住所到最近医疗机构的距离平均为

3.05 里，并且有一半的留守老人到达最近医疗机构的距离在 1 里以内。医疗机构的距离越近、到达时间越短，越便于老年人及时就医，促进老年人对医疗服务的利用。但是，留守老人到达最近养老机构的距离平均为 20.84 里，相对较远。留守老人到达最近医疗机构和养老机构的距离反映了医疗服务资源和养老服务资源的可及性。可见，目前农村公共医疗服务的便利性较高，但养老服务资源的可及性有待提升。

表 9-5　到达最近医疗机构和养老机构距离的描述性分析（*N* = 1016）

单位：里

	均值	标准差	中位数	众数
与医疗机构的距离	3.05	6.78	1	1
与养老机构的距离	20.84	25.62	8	1

如表 9-6 所示，正式社会支持系统中，村委会工作人员、志愿者/非营利组织和社会工作者对留守老人提供的经济支持较少。其中，村委会工作人员提供的经济支持比例相对略高，为 10.4%。实地调查发现，大多数留守老人对非营利组织和社会工作者的认知水平很低。这说明，目前正式社会支持网络在农村还未建立起来，政府、社会组织与社工对农村留守老人的支持仍处于缺位和不足的状态。

表 9-6　正式社会支持系统提供的经济支持的客观评价（*N* = 1016）

单位：人，%

支持者	能		否	
	人数	占比	人数	占比
村委会工作人员	106	10.4	910	89.6
志愿者/非营利组织	41	4.0	975	96.0
社会工作者	34	3.3	982	96.7

（三）生活支持的状况

如表 9-7 所示，正式社会支持系统中，村委会工作人员、志愿者/非营利组织和社会工作者为留守老人提供生活照料的频率偏低。在过去的一年里，超过八成留守老人未得到过村委会工作人员提供的生活支持，90%以上的留守老人未得到志愿者/非营利组织和社会工作者所提供的生活支持。这说明，农村社区对于留守老人的正式社会支持较为薄弱。

表 9-7　正式社会支持系统提供的生活支持的客观评价（N = 1016）

单位：人，%

支持者	从不		一年几次		每月至少一次		每周至少一次		几乎天天	
	人数	占比	人数	占比	人数	占比	人数	占比	人数	占比
村委会工作人员	851	83.8	123	12.1	27	2.7	13	1.3	2	0.2
志愿者/非营利组织	989	97.3	19	1.9	4	0.4	3	0.3	1	0.1
社会工作者	994	97.8	17	1.7	5	0.5	0	0	0	0

（四）情感支持的状况

如表 9-8 所示，正式社会支持系统中，部分留守老人认为村委会工作人员、志愿者/非营利组织和社会工作者一年能提供几次情感支持，分别占比 20.3%、2.3%、1.5%，而在过去一年，从未获得村委会工作人员、志愿者/非营利组织和社会工作者所提供情感支持的留守老人占总人数的 73.5%、96.9% 和 98.3%。这说明，志愿者/非营利组织和社会工作者在给留守老人提供情感支持方面基本处于缺失状态，村委会也缺少相关工作机制为留守老人提供情感支持。

表 9-8　正式社会支持系统提供的情感支持的客观评价（N = 1016）

单位：人，%

支持者	从不		一年几次		每月至少一次		每周至少一次		几乎天天	
	人数	占比	人数	占比	人数	占比	人数	占比	人数	占比
村委会工作人员	747	73.5	206	20.3	47	4.6	12	1.2	4	0.4
志愿者/非营利组织	985	96.9	23	2.3	1	0.1	7	0.7	0	0
社会工作者	999	98.3	15	1.5	1	0.1	1	0.1	0	0

（五）社区服务的状况

医疗服务具体包括健康讲座和咨询、定期检查、康复训练、心理咨询、上门看病。由表 9-9 可知，留守老人对定期体检这项服务需求最大，并且定期体检是社区所提供的医疗服务中占比最多的项目，但仅有不到三成的留守老人愿意自费购买此项服务。

表 9-9 留守老人医疗服务的状况

单位：%

医疗服务	是否需要		是否有这些服务		是否会花钱购买服务	
	是	否	是	否	是	否
健康讲座和咨询	61.0	39.0	29.2	70.8	17.9	82.1
定期体检	78.0	22.0	54.7	45.3	28.9	71.1
康复训练	34.7	65.3	8.2	91.8	10.2	89.8
心理咨询	31.8	68.3	6.2	93.8	6.2	93.8
上门看病	60.7	39.3	16.5	83.5	28.9	71.1

在医疗服务需求上，农村留守老人对健康讲座和咨询、定期检查和上门看病这三项医疗服务的需求程度较高。其中，有健康讲座和咨询需求的留守老人占比 61.0%，有定期体检需求的留守老人占比 78.0%，有上门看病需求的留守老人占比 60.7%。康复训练和心理咨询的需求程度相对较低，有需求的留守老人占比分别为 34.7%和 31.8%。由此可见，农村留守老人对自身健康状况越来越重视，我国要做好关于留守老人的健康知识普及和常见老年疾病筛查工作，提高老年人的健康水平，满足其健康需求。但实际情况是，绝大多数留守老人反映社区没有以下四项医疗服务：健康讲座和咨询（70.8%）、康复训练（91.8%）、心理咨询（93.8%）与上门看病（83.5%）。此外，反映社区没有定期体检服务的留守老人占比 45.3%。这说明，农村社区的公共医疗服务十分欠缺。

总的来说，农村留守老人对于医疗服务的需求量大，但受经济条件和健康意识的限制购买意愿低。劳动力转移后，农村老龄化和空巢化现象非常突出，留守老人对于社区医疗服务和社区护理照顾的需求也随之增加，但农村社区面临着预防医疗与社区护理服务短缺的现状。因此，建立全方位的社区护理与社区照顾的医疗服务体系迫在眉睫。

生活服务包括上门送饭、上门帮助洗澡/理发、上门做清洁、紧急救助、帮助行走和家电维修。由表 9-10 可知，在生活服务的需求方面，家电维修的需求位居第一（68.8%）；其次是紧急救助的需求（49.9%）。农村留守老人多半与年老的配偶共同居住或者独居，在遇到紧急情况时，往往缺少家庭支持。另外，大多数老年人年老体衰、行动不便，且缺乏家电维修方面的技能与应对策略。所以紧急救助、家电维修对于解决留守老人的日常生活困难非常重要。

表 9-10　留守老人生活服务的状况

单位：%

生活服务	是否需要		是否有这些服务		是否会花钱购买服务	
	是	否	是	否	是	否
上门送饭	30.1	69.9	3.0	97.0	8.0	92.0
上门帮助洗澡/理发	27.8	72.2	2.7	97.3	6.2	93.8
上门做清洁	30.1	69.9	4.9	95.1	7.7	92.3
紧急救助	49.9	50.1	13.0	87.0	20.8	79.2
帮助行走	19.4	80.6	2.8	97.2	5.3	94.7
家电维修	68.8	31.2	38.8	61.2	42.0	58.0

在生活服务的供给方面，超过九成的留守老人表示所在社区不能提供上门送饭、上门帮助洗澡/理发、上门做清洁和帮助行走的生活照料。反映社区能提供家电维修的留守老人占比38.8%，反映社区能提供紧急救助的留守老人仅占13.0%。可见，社区提供的生活服务较少，农村留守老人的社区生活服务需求难以得到满足。

此外，42.0%的农村留守老人愿意购买家电维修服务，20.8%的留守老人愿意购买紧急救助服务。但其他几项生活服务的购买意愿较低，占比均低于10%。通过数据对比分析发现，留守老人最需要的两项生活服务——家电维修和紧急救助的购买意愿均低于需求。

总的来说，留守老人对于社区的各项生活服务的需求均高于供给，而且农村社区的生活服务供给十分缺乏，存在供需失衡问题。同时，受到经济条件限制，农村留守老人对于生活服务表现为需求高但购买意愿低的特点，难以通过自费的方式解决生活困境。

由表9-11可知，在精神生活服务需求方面，较多农村留守老人希望日常有人聊天解闷（36.7%），同时有25.6%的留守老人需要对家庭关系进行调解。但实际情况是，仅有8.3%和10.0%的留守老人表示社区能提供聊天解闷和家庭关系调解服务。同时，愿意购买这两项服务的留守老人分别占比 4.3% 和 3.7%，与留守老人在生活服务方面的供需特征一样，留守老人在精神生活服务方面也存在供给满足不了需求、需求高与购买意愿低的矛盾，精神生活服务呈现供需失衡的现象。

表 9-11 留守老人精神生活服务的状况

单位：%

精神服务	是否需要		是否有这些服务		是否会花钱购买服务	
	是	否	是	否	是	否
聊天解闷	36.7	63.3	8.3	91.7	4.3	95.7
家庭关系调解	25.6	74.4	10.2	89.8	3.7	96.3

在当前价值多元化的背景下，农村老年人的精神需求极少得到关注。调查发现，社会组织及社工等专业机构和人员几乎没有介入留守老人的精神需求中。目前农村社区对老年人的养老保障依然是以家庭养老、土地保障为基础，政府的福利供给仍然停留于救助性的社会保障层次，在这样的前提下，老年人的精神需求只能暂且搁置（李文琴，2014：106）。

公共养老服务包括日托站/日间照料中心和养老院/敬老院提供的养老服务。如表 9-12 所示，在公共养老服务需求方面，26.1% 的农村留守老人希望可以得到日托站/日间照料中心的照顾，35.8% 的留守老人希望得到养老院/敬老院的照顾。农村留守老人对养老院/敬老院的需求高于日托站/日间照料中心，这可能与老年人对日托站/日间照料中心的认知较低有关。

表 9-12 留守老人公共养老服务的状况

单位：%

服务机构	是否需要		是否有这些服务		是否会花钱购买服务	
	是	否	是	否	是	否
日托站/日间照料中心	26.1	73.9	7.0	93.0	5.7	94.3
养老院/敬老院	35.8	64.2	34.0	66.0	10.3	89.7

在公共养老服务方面，农村养老院/敬老院的覆盖面广于日托站/日间照料中心，但留守老人对于日托站/日间照料中心和养老院/敬老院的服务购买意愿都比较低。相对于养老院/敬老院而言，日托站/日间照料中心是一种居家养老的社区养老机构，远没有养老院/敬老院的机构服务

普及。

　　经济条件有限，以及"养儿防老"的传统观念和"安土重迁"的思想是影响农村留守老人机构养老意愿的关键因素。另外，对养老机构的不信任和入住养老机构有"被子女抛弃"的羞耻感也是重要原因。

二　留守老人正式社会支持的主观评价

　　如表9-13所示，在对新农保政策、新农合政策、公共养老服务、公共医疗服务与社区社会支持的主观评价上，80.1%的留守老人对新农保政策表示满意，79.1%的留守老人对新农合政策持满意态度；对公共养老服务和公共医疗服务感到满意的留守老人分别占比65.6%和71.9%，对社区社会支持感到满意的占比70.8%。

表9-13　留守老人正式社会支持体系的主观评价

单位：%

	非常不满意	不太满意	有点不满意	一般	有点满意	比较满意	非常满意
新农保政策	2.2	3.4	7.4	6.9	25.8	43.1	11.2
新农合政策	1.7	3.7	8.6	6.9	24.1	43.7	11.3
公共养老服务	2.2	6.5	13.6	12.1	31.5	30.2	3.9
公共医疗服务	1.3	5.8	9.1	11.9	32.0	36.0	3.9
社区社会支持	1.3	6.0	10.5	11.4	35.0	32.8	3.0

　　总的来说，留守老人对新农保政策和新农合政策满意度较高，其次是对公共医疗服务的满意度。值得注意的是，留守老人对公共养老服务和社区社会支持的满意度相对较低。在年轻劳动力外迁和农村老龄化日益加重的情况下，家庭养老已不能适应社会转型和家庭结构的变化。因此，完善社会保障制度，加强公共养老服务和公共医疗服务，构建留守老人的正式社会支持体系是亟待解决的问题。

　　新农合、新农保政策对留守老人的生活质量提升有很大帮助，原因在于其在一定程度上解决了农村留守老人的养老问题。访谈中发现有社会保障的留守老人生活质量较高。76岁的孙先生幸福感很高的原因是可以享受新农保，他说："新农保对我的生活有帮助，就是可以有钱买烟。这是政

府照顾老人的福利，我很感激。"（孙先生，2018GJ5）

同时，社区社会支持对于提高留守老人生活质量和幸福感也有很大帮助。戴女士是所在村老年活动中心的联络员，负责组织当地的志愿者活动，以及帮助其他村民调解生活中的矛盾。LQY 社区的经济条件较好，建有社区日间照料中心，给 70 岁及以上的老年人发放村集体救助金。她说："像我们 LQY 社区每个月给 70 岁及以上的老人免费餐票 20 块钱。这个都挺好的，我现在都用上了。买馒头的话 1 块钱一个，饺子 5 块钱一碗，一碗面皮是 3 块钱，买面皮 1.5 元一张。这个都是我们村里给的钱。"在村委会和老年协会的组织下，当地村民成立了志愿者服务队，为当地的留守老人提供情感慰藉、生活照料、经济支持。戴女士热心从事志愿服务的联络员工作，她说："工作做得动会一直做下去，做不动了再交给别人。"她向我们介绍了志愿服务工作的组织方式。她说："社区领导组织的，他们要是没组织，我们也做。不给安排我们也做，应该做的。LQY 也有。像我们娘娘庙有 5 个组，也就是 5 个小队，5 个小队 3 个联络员。一组、二组是一个联络员，三组就是我一个，我们这个组大，有 100 多户。每次安排工作，我戴上帽子，一家家走一家家通知。"戴女士还介绍了志愿服务的工作内容，她说："我们帮一些老人洗衣服。我们这个月 5 号就要做一次活动，我们联络员、志愿者，硬朗一些的老人把被帮扶的留守老人和特困老人以及他们没洗的衣服带到社区去，给他们洗澡、洗衣服、理发。都是我们志愿者来做，完了给找个杆把衣服晾干后，叠好最后给人送回去。有时候老太太跟儿媳不和了，我们也给说和，做调解。"（戴女士，2017SM4）

三　加强留守老人正式社会支持的建议

社会保障是人民生活的安全网，在促进社会公平、调节经济发展、维护社会稳定方面发挥着重要作用。随着我国社会保障事业的改革和发展，农村社会保障的覆盖面持续扩大，保障项目不断完备，保障水平不断提高，但我国社会保障体系依旧存在城乡二元分割的问题，解决社会保障发展过程中的问题，建设更加公平和有效率的社会保障体制任重道远。农村劳动力流入城市，带动城市经济的发展，然而进城务工人员的保障水平很低。在调研中我们也发现，虽然存在"不孝不养"的问题，但更多时候留守老人对子女的养老期待是基于子女自身的生活条件的，对于子女"孝而难养"的状况感到无奈。在关注"不孝不养"的同时，更应该看到农民工家庭"孝而难养"一定程度上反映了社会转型与社会保障制度的不完善（许惠娇、贺聪志，2020）。因此，有必要切实增加农村社区的公共物品供给，并通过完善社会福利制度，让进城务工的人员在城市更好地安居。不管是从当前不断扩大的留守老人规模，还是从未来返乡农民养老问题角度出发，完善农村的社会保障体系都有着重要的时代意义，具体建议如下。

（一）健全我国社会保障制度，明确政府职责，做好顶层设计

党的十九届四中全会提出完善覆盖全民、城乡统筹、权责清晰、保障适度、可持续的多层次社会保障体系的要求。要坚持公平和效率的导向，加大对农村社会保障制度的财政投入力度，提高养老金给付水平，保障农村留守老人基本生活，逐步缩小城乡与地区之间的养老保障差距，让留守老人共享经济发展成果。

各地政府除了通过缴费补贴、基金贴息、待遇调整补贴等方式引导和鼓励农民参加新型农村社会养老保险外，还应破除城乡分割体制，创造条件探索实现农村和城镇基本养老保险关系转移接续办法。同时要做好社会保障政策的宣传工作，健全社会养老保险多缴多得的激励机制，提高老年人的参保积极性，让老年人在积贫积弱的时候能够得到保障。推动社会保障事业的可持续发展，还需加强对社会保障基金投资运行及其全过程的严格监督，确保社会保障基金的安全和保值增值。政府要在提升基础养老保障水平的同时，推动养老保险最低生活保障、新型农村合作医疗、特困救助等制度有机衔接。加大对农村社会救助和社会福利的资金投入力度，完善精准识别机制，把符合条件的留守老人纳入救助范围，保持帮扶政策总体平稳。要从制度上防治老年人老无所养、因病返贫的问题。

（二）建立以社区养老为依托、以居家养老为主导、以机构养老为支撑的养老服务体系

一是加大养老机构建设资金和运转资金的投入力度。政府提供养老机构的建设资金，养老机构的运转经费由财政和个人分摊，根据经济状况采

取不同的收费方式。低保户和五保户由政府负责，低收入老人按照成本收费，中等收入及以上的老人根据市场标准进行收费。二是保障农村养老服务设施的建设。数据表明，农村留守老人的住宅距离养老机构较远，养老服务资源的可及性需要提升。可以村为单位，利用闲置的土地或建筑改建或扩建养老院和托老所。养老院主要针对五保户和孤寡、失能老人提供长期的院舍养老服务，托老所主要针对丧偶、半自理或有托管需求的留守老人等提供短期的托管服务。三是加强农村养老服务队伍建设。要对养老机构负责人、管理人员进行岗前和定期培训，对志愿者和长期从事养老护理工作的人员给予适当补贴。加大财政支持力度，引导社会力量进入农村养老市场。尽快制定出台有关养老服务的法规条例，推动农村养老服务业良性发展。另外，研究发现女性及离异、丧偶的留守老人生活满意度较低，而且女性留守老人丧偶比例较高。在现实生活中，农村女性/丧偶留守老人养老面临诸多困境。因此应该给予女性，尤其是丧偶女性留守老人更多关注和支持。

（三）完善农村留守老人的健康保障制度与医疗服务体系，提升留守老人的健康水平

一是加强疾病预防，变"治病"为"防病"。党的十九届五中全会把积极应对人口老龄化上升为国家战略，意义重大。老年群体疾病风险大，医疗资源消耗多，要用更完备的制度和工作机制落实人口老龄化战略。应加快建立公共卫生预防体系，发挥疾病预防在减轻国家医疗负担、提高个人生活质量上的作用。研究发现，农村老年人多患有慢性病，且文化水平较低，缺乏健康卫生保健知识，健康意识较低。首先，在健康保障制度上，要加快公共卫生预防体系建设，明确三级卫生服务网络在健康服务方面的职责划分，村卫生室等基层公共卫生组织要负起责任，做好健康知识的宣传普及工作，创新健康教育方式。针对老年人慢性病、日常膳食不合理、缺乏体育锻炼等问题，采取各种公共卫生干预措施。其次，要发挥基层社区卫生单位在农村老年人的慢性病管理和健康教育方面的重要作用。针对农村留守老人，尤其是患有慢性病的老年人建立完整的电子健康档案，推动农村家庭医生签约制度的发展，给老年人提供上门医疗服务。社区医疗机构应给农村老年人提供定期的免费体检服务，开展专项疾病预防

和健康生活习惯小讲堂等教育活动，引导老年人形成正确的健康与疾病认知，加强重点人群的健康管理。完善慢性病医疗卡制度，减轻留守老人医疗负担。以乡镇医疗机构为依托、以村医为核心，积极引导农村留守老人进行自我管理，最终形成适合农村地区的辐射状、多层级的综合互动健康管理模式。最后，在预防内容上，不仅要积极预防老年慢性病和其他生理疾病，也要加强精神卫生教育，让老年人树立正确的养老观念，正确看待疾病、死亡，养成健康的生活方式，以积极的心态投入生活。同时，增加对农村的公共卫生资金投入，促进城乡区域公共卫生事业协调发展。我国老龄化过程中农村女性老龄化和高龄老龄化趋势明显。研究数据表明，不同性别、年龄的农村留守老人在工具性自理能力、患病状况和心理健康状况上存在显著差异。所以在提高留守老人的生活质量时要关注群体差异，加强农村社区健康服务管理，提升女性与高龄老人的健康管理能力和健康水平，改善其生活质量。

二是发挥基层社区医疗机构的作用，提高农村医疗资源的利用率。研究发现，农村老年人患病后存在拖延不治的现象，除了经济困难，也有健康意识差、对农村基层医疗机构信任度不够等原因。首先，要加强基层公共卫生设施与医疗人才队伍的建设。各级政府要加大对基层公共卫生体系的资金投入力度，落实好分级诊疗政策，下沉医疗资源，更新农村卫生室的医疗设备。培养社区保健人才队伍，开展定时培训，提高基层医务人员的医务水平和职业素养，在落实农村基本公共卫生服务政策中，提高基层医疗机构的服务能力和水平。政府需加强顶层设计，充分调动卫生人力资源的主观能动性。可以通过采取"轮岗医师"制度，推动优质医疗人员下沉，以解决农村地区卫生人力资源匮乏的问题。其次，要加强农村老年人的医疗保障。要提高门诊、住院治疗对农村留守老人的报销标准，逐步扩大由统筹基金支付的门诊慢性病病种范围，加大大病保险的保障力度，防止老年人因病返贫，提高农村家庭抵御疾病风险的能力。要加快农村卫生服务的信息化建设，提高转诊效率，解决报销程序复杂、异地就医结算等问题。针对医疗卫生领域存在的现实问题，应明确各医疗单位的公益性性质，提高老年人基本医疗卫生服务的可及性，提供方便的就医条件，改善患者的就医体验，增强老年人对公共医疗机构的信任，让老年人在主观心理上和对医疗资源的实际利用上都能够感受到国家政策带来的便利。

（四）发展互助养老与医养结合的养老模式，推动社区居家养老服务提质增效

一是发展互助养老，促进老有所为。由于对机构养老的认识不足且缺少对养老服务的购买力，农村机构养老模式发展缓慢。我国农村的养老模式依旧是家庭养老，解决我国农村留守老人养老问题必须探索建立一种补充传统家庭养老的养老模式。结合我国农村血缘和地缘关系形成的聚居分布和浓厚的互帮互助的邻里文化，留守老人对非正式社会支持和乡土环境的依赖性较强。因此，发展农村互助养老，不仅能够给予老人情感慰藉和生活照料，满足老人不离开原有居住环境的养老需求，还有利于营造浓厚的互帮互助氛围，建立富有人情味的农村社区。农村社会是一个情理社会，亲戚生病都会进行探望。可通过建立互助机制，采用志愿服务、帮扶积分兑换商品、时间银行等方式，调动低龄老人照顾高龄老人、身体状况好的老人照顾身体状况差的老人的积极性。根据各地不同的经济社会状况，加强互助养老管理和过程监督，建立符合本地情况的互助养老标准规范，同时对帮扶人员进行培训，建立农村互助养老的精神奖励机制。对于互助养老的发展问题，在顶层设计上，要及时给予其相应的法律和制度保障。在资金筹集上，要调动社会力量和社会资本参与，拓宽农村互助养老资金渠道，激发互助养老的发展潜力，促进互助养老模式可持续发展。农村互助养老模式能够充分利用农村的闲置人力资本，从整体上缓解养老服务供给不足问题，提高农村养老服务水平。只有补齐农村互助养老服务短板，才能真正让"老有所帮"落地生根。

二是发展医养结合的养老模式，促进老年人健康养老。随着我国城镇化的推进，农村留守老人养老问题不仅是社会问题，也是关乎社会稳定的政治问题。西方发达国家有着相对完善的社会福利体制，经济发达地区研究如何面对老龄化的挑战时，也集中在如何健全社会化服务体系方面。我国失能半失能老年人口数量不断增加，留守老人面对的更多是患病后的医疗经济和照料困境。但我国存在留守老人对医养结合的需求大和养老机构对留守老人的吸引力不足的问题，农村留守老人患病后缺少护理服务。因此，应发展医养结合的养老模式，通过提供护理和养老服务项目，建设集养老、医疗、护理于一体的社会化医养结合服务体系，满足农村留守老人

患病后的疾病康复和护理、享受养老服务提升老年生活质量的需要。各级
政府要发挥引导作用，加大财政以及政策支持力度，推动农村医养结合养
老模式的发展，并为特殊困难老年人提供财政托底供养，减轻老年人的医
疗养老负担。在资金筹集方面，陈芳（2014）从福利多元主义视角分析指
出要鼓励和引导以公办民营、民办公营、民办公助等多种形式投资民办养
老事业，拓宽筹资渠道。另外，根据城市护理保险试点经验，探索建立农
村留守老人的护理保险制度，做好长期护理保险制度和医养结合的衔接工
作，并缩小城乡医养结合服务体系建设的差距。在人才队伍建设方面，学
校要根据社会需求培养医养结合的专业人才和管理人才，机构要培养具备
专业素养、良好品德的医养服务人员，基于以人为本的服务理念和服务思
想，吸引需要购买医养服务的留守老人。在养老机构的建设方面，建设农
村智能化养老服务体系，制定农村医养结合服务质量标准和行业规范，并
做好过程监督，提升农村医养结合服务水平，满足留守老人的养老和医疗
需求。对于农村留守老人面临的养老和医疗问题，政府、家庭、社会等多
元主体应通过提供正式或非正式社会支持，构建一个全方位的农村留守老
人的社会支持网络。

第十章 农村留守老人生活环境的现状与评价

环境是人类生存和发展的基本前提，为我们生存和发展提供了必需的资源和条件。环境污染、生态破坏不仅危害人民健康，也会成为制约经济可持续发展和影响社会稳定的重要因素。对生活环境现状的评价是衡量人民群众的获得感、幸福感、安全感的重要方面。建设富强民主文明和谐美丽的社会主义现代化强国，不仅是我国经济社会的发展目标，还反映了人民对美好生活的期望。人既生活在自然环境中，也生活在社会环境中。建设良好的生态环境与和谐的社会环境是提高生活质量的基础。

一 留守老人生活环境的客观评价

（一）生态环境状况

饮用水来源能够反映居民饮用水的质量与安全程度。如表 10-1 所示，58.4%的留守老人饮用水来源是自来水，27.7%的留守老人饮用水来源是井水。调查发现，虽然一半以上的留守老人能够饮用清洁的自来水，不过仍有少部分留守老人的饮用水不安全。饮用水质量是反映留守老人基本生理需求的重要指标，饮用清洁的水资源是老年人生存与健康的基本保障，饮用水的安全得不到保障则会严重影响老年人的健康与生活质量。多年来，我国大力解决农村人口饮水问题。由于农村饮水安全巩固提升工程的实施，全国农村自来水普及率上升，供水保证率和水质达标程度有了显著提高。但调查发现，仍有超过四成的农村留守老人没有自来水供应。这反映出我国农村留守老人的饮用水存在一定的安全隐患。因此，我国农村的安全饮水工程还需继续推进，让安全水流进千家万户。

表 10-1 农村留守老人饮用水质量的描述性统计分析 (*N* = 1016)

单位：人，%

饮用水来源	人数	占比
井水	281	27.7
自来水	593	58.4
江、河、湖、溪、泉水	21	2.1
池塘水	1	0.1
窖水	1	0.1
其他	119	11.7
总计	1016	100.0

空气质量指数，是描述城市环境空气质量状况的无量纲指数，指数值越大表明综合污染程度越高。《环境空气质量指数（AQI）技术规定（试行）》中划分了六个空气质量指数等级，分别为：一级优（0~50）、二级良（51~100）、三级轻度污染（101~150）、四级中度污染（151~200）、五级重度污染（201~300）、六级严重污染（>300）。空气质量指数包括空气质量综合指数和空气质量分指数。前者综合考虑了 SO_2、NO_2、PM_{10}、$PM_{2.5}$、CO、O_3 等六种污染物污染程度，后者重点考察单项污染物的污染程度。

为了切实保障人民群众身体健康，以空气质量持续改善推动经济高质量发展，国务院发布了《空气质量持续改善行动计划》，并强调："以改善空气质量为核心，以减少重污染天气和解决人民群众身边的突出大气环境问题为重点，以降低细颗粒物（$PM_{2.5}$）浓度为主线，提升污染防治能力。"因此，本书选取了与居民生活质量和健康状况密切相关的 $PM_{2.5}$ 作为核心污染物指标计算空气质量分指数，以反映留守老人居住地的空气质量状况。

如表 10-2 所示，2018 年广东 J 市的空气质量指数是 50，2017 年湖北 X 市（下辖 Y 市）的空气质量指数是 67.50，2017 年陕西 M 县的空气质量指数是 55。调查地的空气质量指数均属于良好及以上等级，空气质量可接受，对一般人群的健康无影响。这表明各地政府在发展经济的同时，努力践行了"绿水青山就是金山银山"的理念，治霾取得一定成效。

表 10-2 调查地的空气质量状况

调查地	空气质量指数	空气质量等级	空气质量指数类别
广东 J 市	50.00	一级	优
湖北 X 市	67.50	二级	良
陕西 M 县	55.00	二级	良

注：根据各地政府网站信息整理。

（二）社区治安状况

当问及安全感问题"晚上在家附近单独走动是否害怕受到他人侵害"的时候，多数农村留守老人表示不害怕受到他人侵害，仅有 6.4% 的留守老人回答害怕受到他人侵害（见表 10-3）。结果表明，大多数农村留守老人对社区治安持肯定态度，留守老人的安全感很高。

表 10-3 农村留守老人的安全感

单位：人，%

		人数	占比
晚上在家附近单独走动是否害怕受到他人侵害	否	951	93.6
	是	65	6.4
	总计	1016	100.0

如表 10-4 所示，在农村留守老人居住社区的治安状况问题上，绝大多数留守老人所居住的社区治安条件较好。近九成的留守老人表示居住的社区在过去一年完全没有发生犯罪事件，超过八成的留守老人表示居住的社区没有发生村民纠纷事件。居住社区发生 5 起以上犯罪事件的留守老人仅占 0.3%，居住社区发生 5 起以上村民纠纷事件的留守老人占比略高一点，为 1.8%。

表 10-4 农村留守老人居住社区的治安状况（N = 1016）

	数量（起）	人数（人）	占比（%）	均值（起）	标准差（起）
社区犯罪事件	0	904	89.0	0.24	0.84
	1~5	109	10.7		
	>5	3	0.3		

续表

	数量 （起）	人数 （人）	占比 （%）	均值 （起）	标准差 （起）
村民纠纷事件	0	870	85.6	0.48	1.54
	1~5	128	12.6		
	>5	18	1.8		

由此可见，留守老人居住的社区犯罪事件和纠纷事件较少，社区治安环境良好，村民睦邻友好关系稳定，社会交往氛围和谐。良好的社区治安有利于保障留守老人的生命安全和财产安全，使其有较强的安全感和归属感。

（三）社区交通状况

公共交通是居民生活便捷的基本保障。如表 10-5 所示，超过一半的农村留守老人表示所居住的村庄有公共交通（54.7%），但仍有 45.3% 的农村留守老人表示所居住的村庄没有公共交通。分析显示，超过半数的农村留守老人居住的社区交通较为便利，新农村建设得到一定程度的落实，但是仍有一部分留守老人居住地的交通不太便利，有待改善。

表 10-5　农村留守老人居住社区的公共交通状况

单位：人，%

		人数	占比
社区公共交通	没有	460	45.3
	有	556	54.7
	总计	1016	100.0

二　留守老人生活环境的主观评价

如表 10-6 所示，在空气质量上，绝大多数的农村留守老人对空气质量持满意态度（87.2%）；在饮用水质量上，73.5% 的农村留守老人持满意态度；在社区治安状况上，88.3% 的农村留守老人持满意态度；在社区公共交通上，74.5% 的农村留守老人持满意态度；在总的居住环境上，多数农村留守老人表示满意（88.6%），只有5.1%的农村留守老人表示不满意。在生活环境的各项指标上，农村留守老人满意度较高的是总的居住环境、空气质量和社区治安状况，对这三项感到满意的农村留守老人均超过八成。而在社区公共交通和饮用水质量方面的满意度相对较低，但感到满意的农村留守老人也超过了七成。调查结果表明，少部分农村社区还需进一步提升公共交通的便利度和饮用水的质量。

表 10-6　农村留守老人对生活环境的主观评价

单位：%

	非常不满意	不太满意	有点不满意	一般	有点满意	比较满意	非常满意
空气质量	0.4	1.7	7.2	3.5	24.2	50.2	12.8
饮用水质量	2.4	7.2	11.9	5.1	27.6	38.2	7.7
社区治安状况	0.7	2.0	3.7	5.3	23.3	52.3	12.7
社区公共交通	1.8	6.9	9.2	7.7	26.1	44.5	3.9
总的居住环境	0.1	1.6	3.4	6.3	38.6	44.7	5.3

居住意愿反映了居民对所生活社区的归属感和认同度。进一步分析发现，79.8%的农村留守老人希望居住在镇子或村庄里，希望居住在大型城市和小型城市的比例均为8.0%，愿意居住在中型城市的人数更少，占比为2.5%（见表10-7）。这说明，留守老人对当前的居住环境有较高的认同度和归属感。

表 10-7　农村留守老人的居住意愿（N=1016）

单位：人，%

	人数	占比
大型城市	81	8.0
中型城市	25	2.5
小型城市	81	8.0
镇子或村庄	811	79.8
偏远农村	18	1.8
总计	1016	100.0

三　改善留守老人生活环境的建议

在发展乡村经济的同时要贯彻新发展理念，保护空气和水资源，推动生态农村建设。同时，要加强人居环境的整治工作。通过健全环保监管机制，加大环境污染的惩治力度；利用互联网平台，畅通环境治理的反馈机制；通过宣传和教育，完善环境治理的公民参与机制。基层政府、社会组织及社会工作者可联合起来开展宣传和教育活动，提高村民参与环境保护与治理的意识和能力。

在遵循乡村自身发展规律的基础上，相关部门要做好社会治安综合治理工作，科学编制交通发展规划，加强基础设施建设，打造生活便利、民风淳朴、老年宜居的生活环境。要努力优化生态环境和人文环境，建设宜居社区，保持新农村社会的安定。在不断推进绿色发展、和谐发展中切实提高农村留守老人的生活质量。

第十一章　农村留守老人精神生活
质量的现状与评价

　　精神生活质量是个体生活质量的重要组成部分。根据马斯洛需求层次理论，当人们的生理、安全等基础需求得到满足之后，会向往更高层次的需求，即追求归属和爱、自尊及自我实现的需求。美国经济学家加尔布雷斯指出精神生活质量指的是人们在精神上的享受和乐趣。对老年人的照顾，要体现出对老年人精神上的关心与照顾，不能只局限于对老年人物质生活上的照顾，老年人的精神需求与物质需求同样重要（王来华、瑟夫·施耐德约，2000）。老年人的精神需求包括三个维度的需求，即被尊重的需求、被关爱的需求和自我实现的需求，这三个维度的需求的满足程度是影响老年人精神生活的重要因素。当前，我国农村居民最迫切的基本物质需求已得到满足，随着生活水平的不断提高，人们对美好生活的向往和对精神富足的追求成为新时期的重要生活需求。

一　留守老人精神生活质量的客观评价

　　世界卫生组织将老年人虐待（也称为虐待老年人）定义为：照护者或其他人在涉及信任预期的关系中故意实施的行为或未履行的行为，对60岁及以上的成年人造成伤害。[①] 由于贫穷、独自居住和与社会隔离等因素，在我国贫困老人、农村老人、高龄老人和空巢老人是值得社会特别关注的易遭受虐待的群体（李超，2004）。已有研究表明，遭受虐待会给老年人的身心健康带来负面影响，导致其生活质量下降（Danesh and Chang，2015）。本书调查的留守老人遭受的虐待行为包括身体虐待、精神虐待、经济虐待

[①]　"Abuse of Older People"，https://www.who.int/health-topics/abuse-of-older-people.

和疏于照料。如表 11-1 所示，84.4% 的留守老人没有遭受过任何形式的虐待。在精神虐待、经济虐待和身体虐待这三项上，留守老人未曾受到虐待的比例分别为 98.2%、97.0% 和 98.5%。这说明，大部分留守老人能够被周围人善待和关爱。仅有少数留守老人存在被疏于照料的情况（12.5%）。这主要是因为留守老人的子女长期外出务工，无法在老人身边陪伴照顾，家庭提供的照料支持弱化。

表 11-1　农村留守老人是否遭受虐待的描述性统计分析（$N = 1016$）

单位：人，%

	否		是	
	人数	占比	人数	占比
经济虐待	986	97.0	30	3.0
精神虐待	998	98.2	18	1.8
身体虐待	1001	98.5	15	1.5
疏于照料	889	87.5	127	12.5
以上全无	159	15.6	857	84.4

二　留守老人精神生活质量的主观评价

自尊需求是人类在满足基本生理需求和安全需求之后的较高层次的精神需求。老年群体不仅具有与一般群体相同的共性需求，还有被社会成员尊重，不因年老体弱及落后于时代"被边缘化"的独特精神需求。感受到社会成员的尊重有利于老年人的身心健康，能够提高其幸福感。如表 11-2 所示，当问及"在社会上被尊重"的问题时，87.8% 的留守老人认为自己在日常生活中受到了他人的尊重，其中，感到比较满意和非常满意的留守老人合计占比 54.9%。仅有 4.9% 的留守老人对此表示不满意。可见，农村留守老人对在社会上被尊重的满意度很高。

表 11-2　留守老人精神生活的满意度

单位：%

	非常不满意	不太满意	有点不满意	一般	有点满意	比较满意	非常满意
被尊重	0.1	0.9	3.9	7.3	32.9	50.5	4.4

续表

	非常不满意	不太满意	有点不满意	一般	有点满意	比较满意	非常满意
被关爱	0.2	1.1	5.8	5.9	33.6	48.9	4.5
实现个人价值	1.2	5.5	8.8	13.1	34.4	33.1	3.9

被他人关爱是老年人情感需求的具体体现。马斯洛指出，在其他因素相同的条件下，一个安全、归属和爱的需要得到满足的人，比安全和归属需要得到满足，但在爱的感情上遭受拒绝、挫折的人更健康（马斯洛，1987：77）。由表11-2可知，当问及"在社会上被关爱"的情况时，87.0%的留守老人认为自己在日常生活中得到了他人的关爱。其中，对被关爱的情况感到比较满意和非常满意的留守老人合计占比53.4%。总的来看，我国的农村社会保障制度以及实施的精准扶贫等政策使农村留守老人切实感受到了国家和社会的关爱。

随着社会经济的发展，老年人不仅希望维持生存，还希望能充分参与社会生活，实现自身价值。由表11-2可知，71.4%的农村留守老人对实现个人价值的情况感到满意。调查数据表明，留守老人对个人价值的实现持乐观态度，多数留守老人想实现自己的价值，国家应进一步出台相关政策让健康的留守老人能更多地参与社会经济活动，从而实现老有所为。

访谈发现，被尊重、被关爱关系到农村留守老人的晚年幸福生活。郑先生及其老伴的养老资金主要来源于年轻时的积蓄和新农保养老金，然而其生活满意度和幸福感并不高。他说："子女总惦记着要抢走我的房子。我们还活着就整天要卖掉我的房子分钱。房子是我们自己建的，30多年了，我还得靠卖宅基地来养老。"当问及对当前生活状况的评价时，他说："两个儿子被人教唆一直要来抢我的房子和宅基地。我和老伴身体健康，生活水平还可以。但是一想起儿子，我们就难过。"（郑先生，2018GJ7）

三 提升留守老人精神生活质量的建议

总的来看，大多数留守老人在日常生活中能够被他人善待，并对在社会上被尊重、被关爱和实现个人价值的状况感到满意，但达到非常满意的比例不高。当前，我国已全面建成小康社会，处于迈向共同富裕的新时期，农村老年人在基本生活需求得到满足的基础上，对更高层次的精神需求有所增加。党的十九大报告明确要求加快建立健全农村留守老年人关爱服务体系。农村留守老年人关爱服务体系是农村养老服务体系的重要组成部分。关爱服务体系的完善关乎广大农村留守老年人的晚年幸福生活，关系到共同富裕目标的实现，关系到社会和谐稳定和中国式现代化。

（一）加强农村基层组织对留守老人的关爱支持

村委会作为基层组织，具体负责政府各项政策的落实，在解决留守老人养老问题的过程中扮演着重要的角色。基层组织在满足农村留守老人对美好生活的期望和追求上存在能力不足和服务错位现象。因此，要不断提高我国基层组织公共服务水平，完善治理机制，有效提升农村治理效能。提高基层工作人员的文化素质，推动农村人才队伍建设，提高基层治理能力。各村镇应该成立农村留守老人关爱支持小组，以留守老人的需求为导向，提供生活、健康、安全、权益维护以及精神等方面的关爱服务。采取政府、社会组织、村集体、家庭等多元主体共同参与的服务模式，建立动态信息、经费投入、人才队伍、监测评估等方面的保障机制，同时建立服务效果评估机制，构建新时代多层次农村留守老人关爱服务体系。

（二）发挥社会组织对留守老人的关爱支持作用

在我国目前农村养老资源有限的情况下，子女对农村留守老人的家庭支持缺位情况客观存在，社会组织对农村留守老人的关爱支持不可或缺。社会组织和志愿者应积极开展与留守老人相关的公益项目，为农村留守老人提供文化娱乐、法律咨询、健康咨询等针对不同需求的服务，有效满足老年人的生活需求。首先，农村社区应把建立和完善老年人组织的工作纳入本地区乡村振兴建设的整体规划之中，建立留守老人协会、老年人工作委员会、留守老人互助会等老年人组织，充分发挥其作用，让留守老人在其中重新找到归属感和精神寄托。其次，应完善志愿服务信息网络，建立健全农村志愿服务体系。发展留守老人社区服务的志愿者队伍，动员农村的党员、中青年、健康低龄老人、青少年等群体组成志愿者队伍，为留守老人提供生活照料、精神慰藉等服务。最后，建立帮扶档案，为困难群体提供关爱服务。为困难群体建立档案，定期进行入户访谈，了解困难群体的需求，档案信息与各级党组织、基层政府、社工机构和公益慈善组织共享。有针对性地链接各方资源，为老年人提供经济援助、生活照料、精神慰藉方面的服务，促进社会各方力量共同参与留守老人关爱服务。

（三）加强社工专业人员对留守老人的关爱支持

我国社会工作的发展存在城乡差异，农村社会工作发展比较晚，工作机制不成熟，且缺少专业的社工人才队伍。解决农村留守老人问题需要运用社会工作理念，针对留守老人开展服务项目，提升留守老人生活质量。政府要发挥主导作用，指导各地积极开展农村社区社会工作站的建设试点，推进农村社会工作的本土化进程。加大农村社会工作专业人才培养力度，支持农村基层组织根据需要配备社会工作专业人才。同时，由专业社会工作者带头，发动当地的人力，推动志愿互助服务制度化，广泛动员农村党员、农村居民、党政机关、企事业单位和各类社会组织等参加农村社区志愿服务，与留守老人结成帮扶对子，利用重要节假日或民俗活动日走访慰问农村留守老人。通过设立社会工作站、政府购买服务等方式，让社会工作者发挥其人文关怀、助人自助的专业优势，利用社区工作方法为留守老人提供心理疏导、情绪疏解、精神慰藉、代际沟通、家庭关系调适、社会融入等多种服务。对农村留守老人社会疏离进行社会工作介入时，应注重挖掘其"优势"和"资产"，运用综合性介入手段，对异质性比较强的留守老人群体的"特殊问题"进行专门研究，开展有针对性的社工服务，提升留守老人的抗逆力（李卓、郭占锋，2016）。加强社工专业人员对留守老人的关爱支持机制建设，明确社会工作对农村留守老人的服务和角色定位，完善农村社会工作的服务设施和服务功能，创新对留守老人的服务方法，丰富服务内容，提升农村社区服务水平，并实事求是地分析农村留守老人的生活状况，提供关怀服务，切实提高老年人的生活质量。

（四）积极开发农村老年人力资源，实现老有所为

活动理论认为，老年阶段是中年的延续，也是每个个体生命周期的必经时期，老年群体依旧拥有劳动能力与权利，可以提高银龄人力资源的生命活力。此外，该理论还表明，相对于社会活动程度低的老年群体，社会活动程度较高的老年人更能获得幸福感和适应社会发展（杨菊华、史冬梅，2021）。现阶段不仅应鼓励老年人参与他们力所能及的社会活动，而

且应努力为其融入社会创造条件。银龄人力资源的开发不仅包括为老年群体提供社会生产的岗位与社会活动的场所，而且涵盖为老年群体提供和举办各种文化、艺术、健康等方面的课程和活动。在实现老有所为的同时，提高老年人的幸福感和生活质量。

一是组织乡村老年志愿服务队。研究表明，银龄群体有意愿参与志愿服务活动，投身乡村振兴建设（王莉、王彦力，2010）。乡镇政府应当组织乡村老年志愿服务队，鼓励农村低龄、健康的老年群体参与道路、桥梁、排水系统等方面的建设。村委会、老年协会也要鼓励农村银龄群体参与生态环境治理、留守儿童关爱等方面的工作，提升农村社区的和谐氛围，为乡村振兴创造良好条件。

二是培育老年乡村文化传承者。乡村振兴在推动农村农业一体化发展的同时，高度重视乡村传统文化的传承与保护。老年群体中有大量具有传统技艺和文化知识的传承人，他们不但拥有丰富的社会阅历、农业工作经验，而且具有较强的乡村归属感、社会责任感。培育老年乡村文化传承者有助于加强对传统文化的保护和传承，增强民族自信心和文化底蕴。

三是设立专业化的老年培训机构。应在乡村设置银龄人才中心，为健康、有就业意愿的老年群体提供免费职业培训和就业信息。社区老年教育中心与继续教育学院、老年大学可以开展联合办学，共同制定银龄人力资源开发规划，构建覆盖面广、内容丰富、形式多样的职业教育培训体系，促进老人适应现代化的农业生产方式和市场需求。

第十二章 农村留守老人生活质量的 性别差异

生活质量的概念体现了以人为本的发展观。男女平等是我国的基本国策，保障妇女儿童的合法权益是政府及全社会的共同责任。由于男女的生理结构及社会心理存在差异，两性群体在诸多方面存在不同。但关于性别差异对老年人口生活质量影响的研究较少，少数研究仅关注了物质生活、健康等某些领域的性别差异。因此，从性别视角全面研究农村留守老人生活质量的差异对于推动男女平等、全面提升农村老年人口的生活质量具有重要的现实意义。

一 留守老人客观生活质量的性别差异[①]

（一）物质生活的性别差异

如表 12-1 所示，不同性别的留守老人在个人收入上存在显著差异。具体表现为，男性留守老人的个人收入均值明显高于女性，比女性高 1319.98 元/年。这是因为受"男主外、女主内"的性别角色影响，农村女性留守老人往往承担的是无偿的家务劳动，而男性留守老人则更多地参与有报酬的农业劳动或非农劳动。

表 12-1 收入的性别差异

	性别	人数（人）	均值（元/年）	标准差（元/年）	t 值	显著性
个人收入	女	532	7835.94	7574.50	-2.33*	0.018
	男	484	9155.92	10164.84		

* $p < 0.05$。

---

① 精神生活的分析结果是无显著的性别差异，考虑到篇幅限制以及统计上的一般做法，所有无显著性差异的分析结果不在书中呈现。

如表 12-2 所示，不同性别的农村留守老人在人均住房间数和卧室面积上存在显著差异。女性留守老人家中的人均住房间数为 1.83 间，多于男性留守老人（1.65 间）。但在卧室面积上，男性留守老人比女性留守老人拥有更为宽裕的卧室空间。

表 12-2　住房的性别差异

	性别	人数（人）	均值	标准差	t 值	显著性
人均住房间数（间）	女	532	1.83	1.11	2.69**	0.007
	男	484	1.65	1.01		
卧室面积（米^2）	女	532	17.33	7.33	-2.50*	0.013
	男	484	18.56	8.31		

* $p<0.05$，** $p<0.01$。

笔者调查了农村留守老人家中日常生活设施的情况，包括电视、冰箱、洗衣机、空调、燃气灶和移动电话，通过加总计算出所拥有的生活设施数量。如表 12-3 所示，不同性别的留守老人在生活设施上存在显著差异，男性留守老人生活设施状况优于女性留守老人。男性留守老人拥有的生活设施数量平均为 3.57 个，多于女性留守老人（3.36 个）。

表 12-3　生活设施的性别差异

	性别	人数（人）	均值（个）	标准差（个）	t 值	显著性
生活设施	女	532	3.36	1.75	-2.01*	0.044
	男	484	3.57	1.65		

* $p<0.05$。

（二）健康状况的性别差异

笔者调查了留守老人的 5 项生活性自理能力和 4 项工具性自理能力，能独立完成、部分依赖他人完成和完全依赖他人完成分别赋值 2、1 和 0。通过加总分别计算出生活性自理能力和工具性自理能力的值。取值范围为 0~18，越高代表自理能力越强。老年人患病的情况，包括呼吸系统疾病、消化系统疾病、循环系统疾病、内分泌和代谢系统疾病、泌尿生殖系统疾病、恶性肿瘤、关节炎七类慢性病分类，患慢性病赋值为 0，未患慢性病赋值为 1，患病数量为 7 类慢性病加总的值，取值范围为 0~7。如表 12-4 所示，不同性别的农村留守老人在工具性自理能力和患病状况上存在显著性差异，但在生活性自理能力上不存在显著性差异。在身体功能上，男性留守老人的工具性自理能力略高于女性；且女性留守老人比男性更容易受到身体疾病的困扰。女性留守老人的身体健康状况较男性差，一方面是因为女性的生理特征，女性需要承担生育职能；另一方面是因为性别角色的分工导致农村女性留守老人在家庭中长期承担照顾者的角色，更多关注家人的健康而忽视了自身的健康状况。

表 12-4　身体健康的性别差异

		性别	人数（人）	均值	标准差	*t* 值	显著性
身体功能	生活性自理能力	女	532	9.80	0.96	−0.92	0.360
		男	484	9.85	0.75		
	工具性自理能力	女	532	7.24	1.67	−2.50*	0.013
		男	484	7.48	1.41		
患病数量		女	532	1.00	0.76	3.36***	0.001
		男	484	0.84	0.78		

$* p<0.05$，$*** p<0.001$。

本书采用简版老年抑郁量表 GDS-15 测量留守老人的心理健康状况。如表 12-5 所示，不同性别的农村留守老人在心理健康上存在显著差异。女性留守老人的 GDS 抑郁均值为 5.61，高于男性留守老人（4.95），表明女性留守老人的心理健康状况逊于男性留守老人。这可能与农村老年女性丧偶比例较高有关。调查样本中有 319 位丧偶老人，其中，女性丧偶老人为 225 人，男性丧偶老人为 94 人，分别占比 70.5% 和 29.5%，女性丧偶老人的数量高出男性 1.4 倍。

表 12-5　心理健康的性别差异

	性别	人数（人）	均值	标准差	*t* 值	显著性
心理健康	女	532	5.61	3.81	2.91**	0.004
	男	484	4.95	3.49		

$** p<0.01$。

（三）社会参与的性别差异

如表 12-6 所示，不同性别的农村留守老人在农业劳动上存在显著差异，在打工劳动和隔代照顾上不存在显著差异。男性留守老人农忙时每周参与农业劳动的时间平均为 26.51 小时，约比女性多 8 小时。这表明，由于受生理特征、社会风俗及性别角色观念等影响，农村留守老人的劳动供给行为呈现出"男主外、女主内"的特点。

表 12-6　劳动参与的性别差异

	性别	人数 （人）	均值 （时/周）	标准差 （时/周）	*t* 值	显著性
农业劳动	女	532	17.98	25.03	-5.17***	0.000
	男	484	26.51	27.41		
打工劳动	女	532	2.52	10.05	-1.73	0.085
	男	484	3.81	13.48		
隔代照顾	女	177	35.59	28.62	1.02	0.310
	男	149	32.32	28.93		

注：*** $p < 0.001$；隔代照顾是指留守老人参与照顾孙辈的活动，未参与的不统计。

如表 12-7 所示，不同性别的农村留守老人在参与休闲活动和使用休闲设施上存在显著差异。男性留守老人在参与休闲活动的类型以及对社区休闲设施的了解和使用上要强于女性。调查发现，两性留守老人在参与打牌、下棋、串门聊天上差别不大，但在文化类型的休闲活动上有较大区别。其中，参加旅游活动的老年人中，男性占比 62.5%，女性占比 37.5%，男性占比高于女性 25 个百分点；在读书/看报的老年人中，男性占比 72.6%，女性占比 27.4%，男性占比高于女性 45.2 个百分点。同样，在对休闲设施的了解及使用上，男性留守老人了解和使用老年活动室和图书室的比例分别为 53.6% 和 53.1%，均高于女性留守老人。这可能是因为受传统重男轻女思想的影响，农村老年女性受教育程度普遍较低，以及家务劳动占据了女性较多的时间。

表 12-7　休闲参与的性别差异

	性别	人数（人）	均值（类）	标准差（类）	t 值	显著性
休闲活动	女	532	1.60	1.05	-3.00 **	0.003
	男	484	1.79	0.99		
休闲设施	女	532	1.51	1.53	-2.47 *	0.014
	男	484	1.76	1.68		
社区活动	女	532	0.80	0.93	0.03	0.976
	男	484	0.79	0.93		

* $p<0.05$，** $p<0.01$。

（四）非正式社会支持的性别差异

如表 12-8 所示，不同性别的农村留守老人的生活照料独立样本 t 检验表明：第一，在两性留守老人获得的生活照料中，儿子、亲戚和邻居提供的生活照料不存在显著性差异；第二，在女儿提供的生活照料中，与男性相比，女性留守老人会得到更多的生活照料，均介于一年几次和每月至少一次提供生活照料之间，在日常生活中，女儿和母亲的情感交流更多，女儿给母亲提供生活照料也更为方便；第三，在朋友提供的生活照料中，女性留守老人得到的生活照料多于男性。

表 12-8　留守老人获得生活照料的性别差异

	性别	人数（人）	均值	标准差	t 值	显著性
配偶提供的生活照料	女	311	3.54	1.177	-1.966 ***	0.000
	男	388	3.70	0.922		
儿子提供的生活照料	女	492	1.55	0.98	1.292	0.401
	男	432	1.47	0.972		
女儿提供的生活照料	女	425	1.62	0.926	2.86 ***	0.001
	男	364	1.45	0.799		
邻居提供的生活照料	女	532	1.37	1.341	2.13	0.072
	男	484	1.20	1.286		
朋友提供的生活照料	女	479	1.26	1.293	3.56 ***	0.000
	男	449	0.98	1.168		

续表

	性别	人数（人）	均值	标准差	t 值	显著性
亲戚提供的生活照料	女	532	0.78	0.842	0.959	0.416
	男	484	0.73	0.762		

*** *p*<0.001。

如表 12-9 所示，农村留守老人获得的情感慰藉中，家庭情感慰藉存在显著的性别差异。在配偶、子女提供的情感慰藉上，女性留守老人获得的情感慰藉显著少于男性。女性老年人是家务劳动和情感关怀的主力，女性留守老人往往能够意识到在老年人情感慰藉方面所承担的关键职能，并且倾向于内化社会照料伦理对她们所施加的"情感劳动"的规范（梁丽霞、李伟峰，2024）。

表 12-9　留守老人获得情感慰藉的性别差异

	性别	人数（人）	均值	标准差	t 值	显著性
家庭情感慰藉	女	532	5.20	2.59	-3.479***	0.001
	男	484	5.75	2.50		
家庭外情感慰藉	女	532	5.33	2.75	1.848	0.065
	男	484	5.02	2.73		

*** *p*<0.001。

（五）正式社会支持的性别差异

如表 12-10 所示，不同性别的农村留守老人的生活照料独立样本 *t* 检验表明：第一，在对农村留守老人提供的生活照料中，村委会工作人员和社会工作者提供的生活照料不存在显著的性别差异；第二，在志愿者/非营利组织提供的生活照料中，女性留守老人得到的生活照料显著多于男性留守老人，这说明女性留守老人的生活状况已经引起志愿者/非营利组织的关注，但从支持的频次看，关注度还有待提升。

表 12-10　留守老人获得正式社会支持的性别差异

	性别	人数（人）	均值	标准差	t 值	显著性
村委会工作人员的支持	女	532	0.60	1.18	-1.835	0.067
	男	484	0.75	1.30		

续表

	性别	人数（人）	均值	标准差	t 值	显著性
志愿者/非营利 组织的支持	女	532	0.18	0.83	2.737**	0.006
	男	484	0.07	0.37		
社会工作者的支持	女	532	0.10	0.51	1.662	0.097
	男	484	0.06	0.32		

** $p<0.01$。

（六） 生活环境的性别差异

如表 12-11 所示，过去一年，男性留守老人所在社区村民纠纷事件数量的均值为 0.60 起，女性留守老人所在社区村民纠纷事件数量的均值为 0.37 起。男性留守老人所在社区发生的村民纠纷事件显著多于女性留守老人。这可能是因为，一方面农村家庭中男性与外界交流较多，了解信息的渠道更广；另一方面村民纠纷事件具有对抗性和破坏性，参与者多为男性。

表 12-11　村民纠纷事件的性别差异

	性别	人数（人）	均值（起）	标准差 （起）	t 值	显著性
村民纠纷事件	女	532	0.37	1.20	-2.37*	0.018
	男	484	0.60	1.83		

* $p<0.05$。

二　留守老人主观生活质量的性别差异[①]

（一） 物质生活的性别差异

不同性别农村留守老人物质生活满意度 t 检验表明，除了食品开支，农村留守老人在其余四个方面的满意度均存在显著差异（见表 12-12）。在收入、医疗开支、住房和生活设施这四个物质生活子项上，男性留守老人的满意度均高于女性留守老人。关于农村老年女性与男性消费差异的理

---

① 生活环境的分析结果是无显著的性别差异，所以不在书中呈现。

论解释有三个方面：一是消费收入的函数，消费者的消费主要取决于收入的多少，农村老年女性的收入相较于农村老年男性少，消费也较男性更少；二是中国传统的家庭决策权，中国传统社会在家庭决策，包括消费决策方面强调的是男性决策权，丈夫或父亲是家庭消费安排的重要决策者，妻子或子女只有听从的份儿；三是中国传统农业社会中调节夫妻之间消费关系的是"男主外、女主内"的价值规范，男性在消费关系的分工中，承担了获取消费资源的重任（郅玉玲，2007）。

表 12-12　不同性别农村留守老人物质生活满意度的 t 检验

	性别	人数（人）	均值	标准差	t 值	显著性
收入	女	532	5.59	2.28	−2.272*	0.023
	男	484	5.93	2.45		
食品开支	女	532	6.35	2.13	−1.945	0.052
	男	484	6.61	2.12		
医疗开支	女	532	5.05	2.55	−2.139*	0.033
	男	484	5.41	2.74		
住房	女	532	6.49	2.06	−2.584**	0.01
	男	484	6.83	2.23		
生活设施	女	532	6.30	2.10	−2.648**	0.008
	男	484	6.66	2.26		

* $p < 0.05$, ** $p < 0.01$。

（二）健康状况的性别差异

如表 12-13 所示，农村留守老人在身体健康、心理健康这两个方面的满意度上均存在显著性别差异。男性留守老人在个人身心健康上的评分均显著高于女性，女性的健康状况值得进一步关注。健康自我评估是衡量心理和身体健康状态的一项重要参考指标。留守老人在健康满意度上产生性别差异的原因可能不在于两性留守老人身体健康的差异，而在于两性留守老人的自我感觉和对自身关注的不同，女性一般对身体的感觉比男性更为敏感。这种两性老人健康自评的差异与传统男女角色的分配有很大的关系，男性老人一般是家庭事务的决定者。尤其在农村，受"男外女内"

"男强女弱"的传统性别观念影响，男性老人往往掌握着家庭内外事务的决定权，有着更多的个人意愿行使权力，从而更容易保持身心健康。而女性老人在经济能力、话语权等方面相对弱势。日常生活角色的分配和经济地位决定了老人自评健康的性别差异（谷琳、杜鹏，2007）。

表 12-13　不同性别农村留守老人健康满意度的 *t* 检验

	性别	人数（人）	均值	标准差	*t* 值	显著性
身体健康	女	532	5.91	2.18	-3.759***	0.000
	男	484	6.45	2.32		
心理健康	女	532	6.71	1.86	-4.252***	0.000
	男	484	7.21	1.92		

*** $p<0.001$。

（三）社会参与的性别差异

如表 12-14 所示，不同性别的农村留守老人在生产劳动、参加社会活动和总的休闲生活三个方面的满意度均存在显著差异。通过均值比较发现，在生产劳动、参加社会活动、总的休闲生活上，男性留守老人的满意度高于女性。由于生理和体质上的劣势，女性留守老人的劳动能力和劳动参与程度明显比男性低，但其所承担的家务和照料负担较男性更为沉重。两性之间存在不同的角色分工，男性更偏向于从事农业、副业等家庭外部的劳动和经济活动，女性更偏向于照料家庭，往往承担了洗衣做饭、照顾家人等家务劳动。不仅如此，受文化水平较低、家务劳动束缚等因素的限制，女性留守老人的闲暇生活单一，通常仅限于看电视、串门聊天等，其知识性、智力性的活动远少于男性，同时女性与男性相比社交范围和活动范围更为狭窄，精神文化生活更为单调（叶敬忠、贺聪志，2008：281～290）。

表 12-14　不同性别农村留守老人社会参与满意度的 *t* 检验

	性别	人数（人）	均值	标准差	*t* 值	显著性
生产劳动	女	532	5.25	2.32	-2.864**	0.004
	男	484	5.68	2.41		

续表

	性别	人数（人）	均值	标准差	*t* 值	显著性
社区休闲场所和设施	女	532	5.31	2.31	-1.749	0.081
	男	484	5.57	2.39		
社区组织的休闲活动	女	532	5.13	2.31	-1.745	0.081
	男	484	5.39	2.46		
参加社会活动	女	532	4.96	2.45	-2.093*	0.037
	男	484	5.29	2.53		
总的休闲生活	女	532	5.68	2.18	-1.974*	0.049
	男	484	5.95	2.27		

* $p<0.05$，** $p<0.01$。

（四）非正式社会支持的性别差异

如表 12-15 所示，不同性别的留守老人在家庭和睦的满意度上存在显著差异，在夫妻关系、子女孝顺和人际关系三项上均不存在显著差异。具体表现为，男性留守老人对于家庭和睦方面的满意度要显著高于女性。这可能是因为女性留守老人对家人支持的依赖度和期望值更高，而女性作为家庭的照顾者，其现实需求容易被忽略，导致其满意度较低。受传统的"男主外、女主内"的家庭观念的影响，农村女性留守老人多半是家庭生活照料的提供者，容易忽略自身的健康状况。调查发现，女性的健康状况较男性更差，对生活支持的需求较大。加强对女性留守老人的生活支持有利于提高其身心健康水平。

表 12-15　不同性别农村留守老人非正式社会支持满意度的 *t* 检验

	性别	人数（人）	均值	标准差	*t* 值	显著性
夫妻关系	女	304	8.36	1.46	-0.037	0.971
	男	383	8.36	1.64		
子女孝顺	女	532	7.72	1.83	-1.781	0.075
	男	484	7.93	1.81		
家庭和睦	女	532	7.78	1.69	-2.820**	0.005
	男	484	8.08	1.70		

续表

	性别	人数（人）	均值	标准差	*t* 值	显著性
人际关系	女	532	7.00	2.18	-0.992	0.321
	男	484	7.14	2.14		

注：** *p*<0.01；因无配偶的被访者无须统计夫妻关系，这一项的统计人数只包括有配偶（已婚和同居婚姻）的老人。

（五）正式社会支持的性别差异

如表 12-16 所示，不同性别的留守老人在新农保政策、新农合政策和社区社会支持上存在统计意义上的显著差异。其中，男性留守老人对于正式社会支持的满意度要略高于女性。

表 12-16　不同性别农村留守老人正式社会支持满意度的 *t* 检验

	性别	人数（人）	均值	标准差	*t* 值	显著性
新农保政策	女	532	6.94	2.32	-2.771**	0.006
	男	484	7.35	2.31		
新农合政策	女	532	6.94	2.30	-2.347*	0.019
	男	484	7.29	2.33		
公共养老服务	女	532	6.14	2.25	-0.774	0.439
	男	484	6.25	2.40		
公共医疗服务	女	532	6.55	2.12	0.008	0.993
	男	484	6.55	2.34		
社区社会支持	女	532	6.19	2.13	-3.030**	0.003
	男	484	6.60	2.17		

* *p*<0.05，** *p*<0.01。

（六）精神生活的性别差异

如表 12-17 所示，不同性别的留守老人在精神生活三个方面的满意度均存在统计意义上的显著差异。不同性别的农村留守老人在被尊重、被关爱、实现个人价值三个方面的 *t* 统计量均达到显著性水平，男性留守老人在精神生活上的满意度略高于女性，在被尊重这一项上差别最大。分析表明，农村地区"男尊女卑"的思想仍存在，农村女性留守老人的社会地位有待提高。

表 12-17　不同性别农村留守老人精神生活满意度的 *t* 检验

	性别	人数（人）	均值	标准差	*t* 值	显著性
被尊重	女	532	7.17	1.49	-3.095**	0.002
	男	484	7.47	1.58		
被关爱	女	532	7.16	1.60	-2.060*	0.040
	男	484	7.38	1.75		
实现个人价值	女	532	6.35	2.07	-2.078*	0.038
	男	484	6.63	2.20		

* $p<0.05$，** $p<0.01$。

三　留守老人生活质量的性别差异特征

1995 年，在联合国第四次世界妇女大会上，中国政府向国际社会庄严承诺，把实现男女平等作为促进社会发展进步的一项基本国策。2005 年，《中华人民共和国妇女权益保障法》首次把男女平等基本国策以法律条文形式固定下来。党的十九大报告强调"坚持男女平等基本国策，保障妇女儿童合法权益"。男女平等基本国策的基本内涵是在承认和尊重性别差异的前提下追求男女平等；将保障妇女实现发展的权利放到突出位置；给予妇女必要的政策倾斜与保障；重视妇女在整个经济社会发展中的地位和作用；鼓励妇女在与男性的合作与协调发展中实现平等；从社会协调发展的高度来认识和解决妇女发展与男女平等问题。简言之，妇女享有与男性平等的人格和尊严，妇女与男性在经济、政治、社会、文化、家庭等各个方面享有权利和机会的平等。

研究发现，农村留守老人在多项生活质量客观指标（个人消费、社区活动等）和生活质量主观指标（公共养老服务、公共医疗服务等）上无显著的性别差异[①]，表明我国实施的男女平等基本国策取得了明显成效。在全面深化改革开放的历史进程中，我国必须坚持男女平等原则，通过全方

———————————

① 因篇幅限制，无显著性差异的表格未显示。

位、多层次、宽领域的措施，推动性别平等观念更加深入人心，让两性群体都能在平等、尊重、和谐的社会环境中生活。同时，我们也要认识到，实现男女平等是一项长期、艰巨的任务，需要全社会共同努力，不断探索和创新。

（一）男性留守老人在反映积极老龄化的生活质量上优于女性留守老人

积极老龄化的核心思想是最大限度地提高老年人健康、参与和保障的水平，确保所有人在老龄化过程中能够不断提升生活质量。男性留守老人的物质生活状况、健康状况和社会参与状况均优于女性留守老人。男性留守老人不仅在反映客观物质生活质量的个人收入和生活设施上明显优于女性留守老人，对收入、医疗开支、住房、生活设施的主观满意度也高于女性留守老人。这说明，农村家庭中仍延续"男主外、女主内"的劳动分工模式，男性多处理家庭以外的复杂事务，如参与有经济报酬的工作、参与社会活动等，而女性主要从事洗衣做饭、照顾孙辈等家务劳动。男性获取收入的能力更强、经济支配权更大。

男性的工具性自理能力比女性更强，同时男性患病数量比女性少，心理健康水平也高于女性。一方面，女性主要承担了家庭照顾者的角色，长期处于烦琐的家务劳动的压力下而忽略了自身的健康状况；另一方面，受"男尊女卑"思想观念的影响，农村女性在生活中遇到困难多采取顾全大局和隐忍的态度，不利于其心理健康。

男性留守老人参与农业劳动的时间和休闲活动的种类比女性留守老人多。受传统"男主外、女主内"思想的影响，农村地区男性大多在外从事经济活动，人际交往的范围较广，而女性大多从事家务劳动，较少参与社会活动。

（二）女性留守老人获得的社会支持多于男性

在主观层面，女性留守老人对于家庭和睦的满意度明显低于男性。这是因为女性作为主要的家庭照顾者，需要长期付出体力与情感，自身的需求容易被忽略，随着年老体衰，在满足家人的需求与疏解照顾压力之间难以平衡，从而对家庭和睦满意度较低。因此，有必要为老年女性照顾者提供喘息服务，缓解照顾者的压力和由此带来的家庭矛盾，使家庭内部的照顾得以持续。

在客观层面，女性留守老人获得志愿者/非营利组织提供的正式社会支持显著多于男性。女性作为家庭的主要照顾者需要长期付出时间和精力，尤其是老年女性照顾者承担的压力巨大。研究表明，志愿者/非营利组织已经开始关注农村老年女性这一弱势群体的生活需求，也为其提供了相关支持，但支持力度还有待加大。在主观层面，男性对正式社会支持的满意度高于女性。同时，男性在更高层次的精神需求上满意度高于女性。这进一步说明了在传统封建思想摇篮中孕育出来的社会性别分化作用的顽固性和持续性（亓昕、郝彩虹，2010）。

第十三章　农村留守老人生活质量的年龄差异

当前，我国的人口老龄化呈现快速发展的态势，而且农村老龄化水平高于城市。2020 年，我国农村地区 65 岁及以上老年人口占农村人口的 17.72%，较城镇高出 6.61 个百分点。老龄化的过程是复杂的，不同年龄段的老年人具有不同的生理和心理特征。因此，有必要从生命历程的视角，深入探讨不同年龄段的老年人在多维生活质量上的差异性，为实施积极应对人口老龄化国家战略及相关政策的制定提供依据。

一　留守老人客观生活质量的年龄差异[①]

（一）物质生活的年龄差异

如表 13-1 所示，不同年龄段农村留守老人个人收入的方差分析表明：不同年龄段的留守老人在个人收入上存在显著差异。留守老人的个人收入呈现出随着年龄的增加而逐渐减少的趋势。低龄组（60~69 岁）留守老人的个人年收入平均为 9283.94 元，比中龄组（70~79 岁）留守老人多 1142.22 元，比高龄组（80 岁及以上）留守老人多 2165.07 元。多重比较发现，低龄组留守老人的个人收入显著高于高龄组留守老人。这是因为留守老人的经济来源主要包括从事农业生产的劳动收入、子女的经济支持和社会保障金，随着年龄的增长，老年人的劳动能力逐渐丧失，自养能力下降。

---

① 生活环境和精神生活的分析结果是无显著的年龄差异，所以不在书中呈现。

表 13-1　留守老人收入的年龄差异

	年龄组	人数（人）	均值（元/年）	标准差（元/年）	F 值	多重比较
个人收入	低龄组	453	9283.94	9635.24	4.29*	低龄组>高龄组
	中龄组	378	8141.72	8906.84		
	高龄组	185	7118.87	6701.26		
	总计	1016	8464.75	8927.29		

* $p<0.05$。

如表 13-2 所示，不同年龄段农村留守老人住房状况的方差分析表明：不同年龄段的留守老人在人均住房间数上存在显著性差异。通过多重比较发现，高龄组留守老人所拥有的住房间数均值为 1.86 间，显著多于低龄组留守老人（1.60 间）。这可能是因为高龄老人丧偶独居比例较高。

表 13-2　留守老人住房的年龄差异

	年龄组	人数（人）	均值（间）	标准差（间）	F 值	多重比较
人均住房间数	低龄组	453	1.60	0.97	6.96**	中龄组>低龄组 高龄组>低龄组
	中龄组	378	1.85	1.06		
	高龄组	185	1.86	1.27		
	总计	1016	1.74	1.07		

** $p<0.01$。

如表 13-3 所示，不同年龄段农村留守老人生活设施的方差分析表明：不同年龄段的留守老人在拥有的生活设施数量上存在显著差异。多重比较发现，留守老人所拥有的生活设施数量呈现出随年龄增长依次递减的特点。低龄组留守老人家中的日常生活设施数量最多，中龄组留守老人次之，高龄组留守老人最少。基本生活设施条件越好，留守老人的生活便利度越高。分析表明，低龄组留守老人的生活便利度最高，高龄组老人的生活便利度相对较低。随着年龄的增长，老年人的自理能力下降，对提高便利度的生活设施的需求增加。高龄老人的生活设施条件有待改善。

表 13-3 留守老人生活设施的年龄差异

	年龄组	人数（人）	均值（个）	标准差（个）	F 值	多重比较
生活设施	低龄组	453	3.86	1.59	29.63***	低龄组>中龄组>高龄组
	中龄组	378	3.31	1.70		
	高龄组	185	2.79	1.75		
	总计	1016	3.46	1.71		

*** $p < 0.001$。

（二）健康状况的年龄差异

如表 13-4 所示，不同年龄段农村留守老人身体功能的方差分析表明：不同年龄段的留守老人在身体功能上存在显著差异。通过多重比较发现，在身体功能上，低龄组和中龄组留守老人的生活性自理能力和工具性自理能力均比高龄组留守老人更强。留守老人年龄越大，身体健康状况越差，而身体健康程度对农村留守老人的生活质量有着重要影响。没有自理能力的老年人不仅缺乏获取劳动收入的能力，还需要增加照料成本和医疗支出。身体功能的老化和繁重的农活提高了留守老人的患病率，患有慢性疾病的老人往往伴随生活功能障碍，进而会影响老年人的心理健康状况，降低老年人的生活质量。

表 13-4 留守老人身体功能的年龄差异

	年龄组	人数（人）	均值	标准差	F 值	多重比较
生活性自理能力	低龄组	453	9.90	0.63	10.59***	低龄组>高龄组 中龄组>高龄组
	中龄组	378	9.85	0.89		
	高龄组	185	9.56	1.21		
	总计	1016	9.82	0.87		
工具性自理能力	低龄组	453	7.65	1.09	58.99***	低龄组>高龄组 中龄组>高龄组
	中龄组	378	7.51	1.32		
	高龄组	185	6.29	2.35		
	总计	1016	7.35	1.56		

*** $p < 0.001$。

（三）社会参与的年龄差异

如表 13-5 所示，不同年龄段农村留守老人劳动参与的方差分析表明：不同年龄段的留守老人在劳动参与上存在显著差异。通过多重比较发现，低龄组留守老人不仅参与农业劳动、打工劳动的时间多于中高龄组留守老人，隔代照顾的时间也显著多于高龄组留守老人。低龄留守老人农忙时每周参与农业劳动的时间平均约为 31 小时，超出中龄老人约 13 个小时，是高龄老人的 4 倍多。由此可见，低龄老人不仅是家庭农业生产的主要劳动力，而且承担了照顾孙辈的重任。

表 13-5　留守老人劳动参与的年龄差异

	年龄组	人数（人）	均值（时/周）	标准差（时/周）	F 值	多重比较
农业劳动	低龄组	453	31.12	28.11	67.58***	低龄组>中龄组>高龄组
	中龄组	378	18.55	24.67		
	高龄组	185	6.96	15.30		
	总计	1016	22.04	26.52		
打工劳动	低龄组	453	5.08	15.66	11.36***	低龄组>中龄组 低龄组>高龄组
	中龄组	378	1.68	7.49		
	高龄组	185	1.34	6.09		
	总计	1016	3.13	11.82		
隔代照顾	低龄组	186	38.52	28.20	5.79**	低龄组>高龄组
	中龄组	96	29.86	28.07		
	高龄组	44	24.61	29.59		
	总计	326	34.09	28.76		

注：** $p<0.01$，*** $p<0.001$；隔代照顾是指留守老人参与照顾孙辈的活动，未参与的不统计。

如表 13-6 所示，不同年龄段农村留守老人休闲参与的方差分析表明：不同年龄段的留守老人在休闲活动和休闲设施上存在显著差异。通过多重比较发现，中龄组留守老人比低龄组和高龄组留守老人参与的休闲活动类型更多；而在休闲设施上，低龄组和中龄组留守老人了解和使用休闲设施的种类多于高龄组留守老人。这表明，农村留守老人随着年龄增大，社交空间种类多缩小，休闲活动的参与逐渐减少。

表 13-6　留守老人休闲参与的年龄差异

	年龄组	人数（人）	均值（类）	标准差（类）	F 值	多重比较
休闲活动	低龄组	453	1.72	1.03	10.46***	中龄组>低龄组 中龄组>高龄组
	中龄组	378	1.81	1.00		
	高龄组	185	1.39	1.00		
	总计	1016	1.69	1.03		
休闲设施	低龄组	453	1.77	1.69	6.70***	低龄组>高龄组 中龄组>高龄组
	中龄组	378	1.63	1.58		
	高龄组	185	1.26	1.42		
	总计	1016	1.63	1.61		

*** $p<0.001$。

（四）非正式社会支持的年龄差异

如表 13-7 所示，不同年龄段的农村留守老人获得的家庭外非正式情感慰藉存在显著差异。家庭提供的非正式情感慰藉，以及村委会工作人员、志愿者/非营利组织和社会工作者提供的正式情感慰藉均无显著的年龄差异。多重比较发现，在邻居、亲戚和朋友提供的情感慰藉中，低龄组留守老人获得的非正式情感慰藉显著多于高龄组留守老人。这是因为老年人因年龄增长社交活动的范围逐渐缩小，有限的社交网络使其难以获得他人提供的情感支持。

表 13-7　留守老人获得情感慰藉的年龄差异

	年龄组	人数（人）	均值	标准差	F 值	多重比较
家庭非正式 情感慰藉	低龄组	453	5.63	2.30	2.69	无显著性差异
	中龄组	378	5.42	2.71		
	高龄组	185	5.12	2.81		
	总计	1016	5.46	2.56		
家庭外非正式 情感慰藉	低龄组	453	5.33	2.73	3.01*	低龄组>高龄组
	中龄组	378	5.21	2.78		
	高龄组	185	4.75	2.67		
	总计	1016	5.18	2.74		

续表

	年龄组	人数（人）	均值	标准差	F 值	多重比较
正式情感慰藉	低龄组	453	0.40	0.87	0.28	无显著性差异
	中龄组	378	0.41	0.90		
	高龄组	185	0.45	0.84		
	总计	1016	0.41	0.88		

* $p<0.05$。

（五）正式社会支持的年龄差异

如表 13-8 所示，高龄组留守老人新农保每月可领取的金额最多，中龄组留守老人次之，低龄组留守老人最少。多重比较发现，中高龄组留守老人每月领取的养老金显著高于低龄组留守老人。新农保个人账户包括个人缴费额、政府补贴、相应的存款利息和可能的集体补贴。因此，年龄越大，个人账户累计的金额越多。这体现了新农保制度设计的合理性，既可以满足老年人随着年龄增长而增加的医疗、护理等开支需求，也考虑到了中高龄老人劳动能力下降后劳动收入的减少。这对提高老年人晚年生活质量、保障老年人的健康发挥着重要的作用。

表 13-8　留守老人新农保金额的年龄差异

	年龄组	人数（人）	均值（元/月）	标准差（元/月）	F 值	多重比较
新农保金额	低龄组	397	84.05	25.62	4.73**	中龄组>低龄组 高龄组>低龄组
	中龄组	333	117.30	261.98		
	高龄组	147	126.86	167.35		
	总计	877	103.85	176.95		

** $p<0.01$。

如表 13-9 所示，不同年龄段的农村留守老人到达最近医疗机构的距离存在显著差异。多重比较发现，与低龄组留守老人相比，多数高龄组留守老人到最近医疗机构的距离较远。高龄老人年老体弱，行走不便，医疗机构与住宅之间距离较远不利于老年人对医疗资源的使用。

表 13-9　留守老人与医疗机构距离的年龄差异

	年龄组	人数（人）	均值（里）	标准差（里）	F 值	多重比较
与医疗机构的距离	低龄组	453	2.44	4.44	3.73*	高龄组>低龄组
	中龄组	378	3.37	8.25		
	高龄组	185	3.90	8.02		
	总计	1016	3.05	6.78		

* $p<0.05$。

如表 13-10 所示，不同年龄段的农村留守老人到达最近养老机构的距离存在显著差异。多重比较发现，高龄组留守老人到达最近养老机构的距离最近，其距离显著小于中低龄组留守老人。随着年龄增长，留守老人的养老服务需求不断增加。研究表明，高龄老人所居住社区的养老资源可及性较高，符合现实需求。

表 13-10　留守老人与养老机构距离的年龄差异

	年龄组	人数（人）	均值（里）	标准差（里）	F 值	多重比较
与养老机构的距离	低龄组	453	21.83	25.53	4.01*	低龄组>高龄组 中龄组>高龄组
	中龄组	378	22.01	27.33		
	高龄组	185	16.03	21.47		
	总计	1016	20.84	25.62		

* $p<0.05$。

二　留守老人主观生活质量的年龄差异

（一）物质生活的年龄差异

由表 13-11 的方差分析结果可知，不同年龄段的农村留守老人在住房和生活设施的满意度上存在统计意义上的显著差异。在住房与生活设施上，低龄组留守老人的满意度明显高于高龄组留守老人。不同年龄段的留守老人对住房与生活设施的满意度不一致，应该多关注高龄组留守老人的物质生活满意度。

表 13-11　不同年龄段留守老人物质生活满意度的方差分析

	年龄组	人数（人）	均值	标准差	F 值	多重比较
收入	低龄组	453	5.7	2.28	0.318	无显著性差异
	中龄组	378	5.83	2.41		
	高龄组	185	5.72	2.49		
	总计	1016	5.75	2.37		
食品开支	低龄组	453	6.49	2.11	0.28	无显著性差异
	中龄组	378	6.5	2.13		
	高龄组	185	6.37	2.19		
	总计	1016	6.47	2.13		
医疗开支	低龄组	453	5.25	2.65	0.059	无显著性差异
	中龄组	378	5.20	2.68		
	高龄组	185	5.18	2.59		
	总计	1016	5.22	2.65		
住房	低龄组	453	6.81	2.10	3.929*	低龄组>高龄组
	中龄组	378	6.63	2.17		
	高龄组	185	6.29	2.19		
	总计	1016	6.65	2.15		
生活设施	低龄组	453	6.70	2.06	7.55**	中龄组>高龄组 低龄组>高龄组
	中龄组	378	6.44	2.19		
	高龄组	185	5.96	2.37		
	总计	1016	6.47	2.18		

*$p<0.05$，**$p<0.01$。

（二）健康状况的年龄差异

表 13-12 显示，不同年龄段的农村留守老人在身体健康的满意度上存在显著差异，在心理健康的满意度上不存在显著差异。低龄组留守老人的身体健康满意度最高（6.47），中龄组次之（5.99），高龄组最低（5.80）。多重比较发现，低龄组留守老人的身体健康满意度显著高于中龄组留守老人和高龄组留守老人。

表 13-12　不同年龄段留守老人健康生活满意度的方差分析

	年龄组	人数（人）	均值	标准差	F 值	多重比较
身体健康	低龄组	453	6.47	2.20	7.731***	低龄组>中龄组 低龄组>高龄组
	中龄组	378	5.99	2.30		
	高龄组	185	5.80	2.27		
	总计	1016	6.17	2.26		
心理健康	低龄组	453	7.04	1.83	0.902	无显著差异
	中龄组	378	6.90	1.91		
	高龄组	185	6.84	2.05		
	总计	1016	6.95	1.90		

*** $p < 0.001$。

（三）社会参与的年龄差异

表 13-13 显示的是不同年龄段农村留守老人社会参与满意度的方差分析。不同年龄段的农村留守老人除了在总的休闲生活上的满意度无显著性差异，在生产劳动、社区休闲场所和设施、社区组织的休闲活动和参加社会活动四个方面的满意度均存在显著差异。总体而言，留守老人对社会参与状况的满意度均值随着年龄的增加呈现出递减的趋势。多重比较结果显示：在生产劳动、社区休闲场所和设施、社区组织的休闲活动和参加社会活动四个方面的满意度上，低龄组留守老人的满意度均显著高于高龄组留守老人。高龄留守老人的社会参与状况值得关注。

表 13-13　不同年龄段留守老人社会参与满意度的方差分析

	年龄组	人数（人）	均值	标准差	F 值	多重比较
生产劳动	低龄组	453	5.71	2.25	7.020**	低龄组>高龄组
	中龄组	378	5.39	2.40		
	高龄组	185	4.95	2.53		
	总计	1016	5.45	2.37		
社区休闲场所和设施	低龄组	453	5.63	2.25	4.004*	低龄组>高龄组
	中龄组	378	5.39	2.41		
	高龄组	185	5.06	2.45		
	总计	1016	5.44	2.35		

	年龄组	人数（人）	均值	标准差	*F* 值	多重比较
社区组织的 休闲活动	低龄组	453	5.43	2.35	3.109*	低龄组>高龄组
	中龄组	378	5.21	2.38		
	高龄组	185	4.92	2.46		
	总计	1016	5.26	2.39		
参加社会 活动	低龄组	453	5.37	2.52	5.268**	低龄组>高龄组
	中龄组	378	5.03	2.46		
	高龄组	185	4.69	2.42		
	总计	1016	5.12	2.49		
总的休闲 生活	低龄组	453	5.94	2.17	2.869	无显著性差异
	中龄组	378	5.82	2.24		
	高龄组	185	5.48	2.34		
	总计	1016	5.81	2.23		

* $p<0.05$，** $p<0.01$。

（四）非正式社会支持的年龄差异

表 13-14 显示的是不同年龄段的农村留守老人非正式社会支持满意度的方差分析结果。由表 13-14 可知，除夫妻关系外，不同年龄段的留守老人对其他非正式社会支持满意度的评价均存在统计意义上的显著差异。多重比较结果显示，在子女孝顺、家庭和睦和人际关系的满意度上，低龄组留守老人的满意度均显著高于高龄组留守老人。

表 13-14　不同年龄段留守老人非正式社会支持满意度的方差分析

	年龄组	人数（人）	均值	标准差	*F* 值	多重比较
夫妻关系	低龄组	365	8.38	1.47	0.180	不存在显著性差异
	中龄组	233	8.37	1.52		
	高龄组	89	8.27	1.86		
	总计	687	8.36	1.54		
子女孝顺	低龄组	453	7.97	1.70	3.321**	低龄组>高龄组
	中龄组	378	7.76	1.88		
	高龄组	185	7.58	1.96		
	总计	1016	7.82	1.82		

续表

	年龄组	人数（人）	均值	标准差	F 值	多重比较
家庭和睦	低龄组	453	8.10	1.58	4.924**	低龄组>高龄组
	中龄组	378	7.81	1.69		
	高龄组	185	7.70	1.95		
	总计	1016	7.92	1.70		
人际关系	低龄组	453	7.31	2.00	6.716**	低龄组>高龄组
	中龄组	378	6.97	2.18		
	高龄组	185	6.65	2.40		
	总计	1016	7.07	2.16		

注：** $p<0.01$；因无配偶的被访者无须统计夫妻关系，这一项的统计人数只包括有配偶（已婚和同居婚姻）的老人。

（五）正式社会支持的年龄差异

表13-15显示的是不同年龄段的农村留守老人正式社会支持满意度的方差分析结果。不同年龄段的农村留守老人在新农合政策和社区社会支持上的满意度存在统计意义上的显著差异，在新农保政策、公共养老服务和公共医疗服务上的满意度无显著差异。多重比较结果显示：对于新农合政策，中龄组留守老人评价最高（7.25），高龄组留守老人评价略低（6.71）；对于社区社会支持，低龄组留守老人的满意度评价高于高龄组留守老人。值得注意的是，对于这几个方面的评价，满意度最低的均为高龄组留守老人。在制定相关政策与完善社区正式社会支持网络时，高龄留守老人应被重点关注。

表13-15 不同年龄段留守老人正式社会支持满意度的方差分析

	年龄组	人数（人）	均值	标准差	F 值	多重比较
新农保政策	低龄组	453	7.24	2.25	2.437	无显著性差异
	中龄组	378	7.17	2.42		
	高龄组	185	6.80	2.29		
	总计	1016	7.13	2.32		
新农合政策	低龄组	453	7.15	2.29	3.430*	中龄组>高龄组
	中龄组	378	7.25	2.33		
	高龄组	185	6.71	2.34		
	总计	1016	7.11	2.32		

	年龄组	人数（人）	均值	标准差	*F* 值	多重比较
公共养老服务	低龄组	453	6.21	2.29	2.829	无显著性差异
	中龄组	378	6.34	2.34		
	高龄组	185	5.85	2.32		
	总计	1016	6.19	2.32		
公共医疗服务	低龄组	453	6.61	2.18	2.329	无显著性差异
	中龄组	378	6.64	2.23		
	高龄组	185	6.23	2.33		
	总计	1016	6.55	2.23		
社区社会支持	低龄组	453	6.51	2.069	4.163*	低龄组>高龄组
	中龄组	378	6.43	2.144		
	高龄组	185	5.98	2.357		
	总计	1016	6.38	2.158		

* $p < 0.05$。

（六）生活环境的年龄差异

如表 13-16 所示，不同年龄段的农村留守老人对空气质量、饮用水质量的满意度无显著差异，对社区治安状况、社区公共交通与总的居住环境三个方面的满意度存在统计意义上的显著差异。多重比较结果显示，低龄组留守老人的生活环境满意度要显著高于高龄组留守老人。调查发现，高龄组留守老人由于年老体弱、丧偶独居的较多，容易成为盗窃的目标。另外，他们对交通的便利度要求也更高。因此，应该加强对高龄老人的居住安全与无障碍交通环境的建设。

表 13-16 不同年龄段留守老人生活环境满意度的方差分析

	年龄组	人数（人）	均值	标准差	*F* 值	多重比较
空气质量	低龄组	453	7.60	1.94	0.258	无显著性差异
	中龄组	378	7.51	2.05		
	高龄组	185	7.50	1.78		
	总计	1016	7.55	1.95		

续表

	年龄组	人数（人）	均值	标准差	F 值	多重比较
饮用水质量	低龄组	453	6.59	2.62	0.610	无显著性差异
	中龄组	378	6.47	2.60		
	高龄组	185	6.71	2.21		
	总计	1016	6.57	2.54		
社区治安状况	低龄组	453	7.85	1.82	6.133**	低龄组>高龄组
	中龄组	378	7.57	1.93		
	高龄组	185	7.31	1.81		
	总计	1016	7.65	1.87		
社区公共交通	低龄组	453	6.92	2.19	6.074**	低龄组>中龄组 低龄组>高龄组
	中龄组	378	6.47	2.49		
	高龄组	185	6.32	2.26		
	总计	1016	6.65	2.33		
总的居住环境	低龄组	453	7.44	1.50	4.320*	低龄组>高龄组
	中龄组	378	7.18	1.69		
	高龄组	185	7.08	1.78		
	总计	1016	7.28	1.63		

$^*p<0.05$，$^{**}p<0.01$。

（七）精神生活的年龄差异

如表 13-17 所示，不同年龄段农村留守老人对被尊重、被关爱的满意度不存在显著的差异，仅在实现个人价值的满意度评价上存在显著差异。中低龄组留守老人对实现个人价值的满意度显著高于高龄组留守老人。这可能与中低龄留守老人社会参与程度较高，而高龄留守老人社会角色丧失较多有关。

表 13-17 不同年龄段留守老人精神生活满意度的方差分析

	年龄组	人数（人）	均值	标准差	F 值	多重比较
被尊重	低龄组	453	7.28	1.56	2.448	无显著性差异
	中龄组	378	7.43	1.48		
	高龄组	185	7.14	1.57		
	总计	1016	7.31	1.54		

	年龄组	人数（人）	均值	标准差	F 值	多重比较
被关爱	低龄组	453	7.26	1.71	2.378	无显著性差异
	中龄组	378	7.38	1.63		
	高龄组	185	7.05	1.68		
	总计	1016	7.27	1.68		
实现个人价值	低龄组	453	6.55	2.14	3.101*	低龄组>高龄组 中龄组>高龄组
	中龄组	378	6.57	2.12		
	高龄组	185	6.13	2.15		
	总计	1016	6.48	2.14		

* $p < 0.05$。

三　留守老人生活质量的年龄差异特征

（一）留守老人的生活质量呈现出随年龄增长降低的特点，低龄老人的生活质量相对较高

农村留守老人的生活质量在物质生活、健康状况、社会参与等多层面呈现出随着年龄增长逐渐降低的特点。低龄留守老人在物质生活、健康状况、社会参与维度多项指标上表现最好。低龄留守老人参与农业劳动和非农劳动的时间最多，其个人收入在三个年龄段中也最高，中龄留守老人次之。同样，低龄留守老人不仅在反映客观健康水平的身体功能上表现最好，在主观层面，对自身身体健康和心理健康的满意度也最高。

研究发现，低龄留守老人的身体功能良好，社会参与度较高，但其对自我实现的主观满意度却不高。美国学者罗伯特·哈维格斯特提出的活动理论认为，老年是中年的延续，是个体生命周期的必经阶段，老年群体依旧拥有劳动的能力与权利，组织其有秩序地参与社会生产劳动，可提高老年人的生命活力（Havighurst，1972）。此外，该理论还表明，相对于社会活动参与度较低的老年人，社会活动参与度较高的老年人更容易适应社会发展以及获得幸福感。面对乡村振兴的机遇，充分挖掘和利用老年人力资源，不仅是战略上的需要，也是社会发展的必然要求。低龄老年人大多具有知识、经验、技能方面的优势，身体状况相对较好，发挥余热的潜力较

大。现阶段，不仅应鼓励低龄、健康的老年人参与其力所能及的社会活动，而且应大力为其融入社会创造条件。提倡灵活用工制度，为老年人就业提供便利；同时调整产业结构，发展养老服务、健康咨询、旅游休闲等老龄产业，为农村老年人提供更多适合他们的工作机会，促进乡村经济结构的优化升级（郑之良，2010）。基层政府应为老年群体提供社会生产的岗位与社会活动的场所，在实现老有所为的同时，提高老年人的生活质量和幸福感。

随着年龄的增长，农村留守老人对居住环境的满意度逐渐降低。应提高农村治安水平，增强农村留守老人的安全感；倡导爱老敬老，为老年人提供有人文温度的公共交通服务；积极探索建设友好的社区环境，提高老年人的生活质量。

高龄留守老人对新农合政策的满意度较低。农村留守老人的经济来源有限，而且大部分农村地区缺乏完善的养老服务设施。建议以发展农村经济为基础，吸引劳动力回流，并加大农村养老服务设施建设投入力度，为留守老人提供更好的生活环境。

（二） 中龄留守老人的生活质量居中，需进一步提升其生活质量

总体来看，中龄留守老人的生活质量在三个年龄段中处于居中水平，但在少数指标上也表现相对较好。如在客观层面，中龄留守老人参与休闲活动的种类最多；在主观层面，对新农合政策和实现个人价值的满意度也最高。

研究发现，中龄留守老人的健康状况良好、非正式社会支持也较高，但劳动参与程度与低龄组老人相差较大。应倡导健康老龄化理念，加强全生命周期过程中的健康管理，延长中龄老人的健康生命周期，提高其身心健康水平和生活质量。国务院印发的《"十四五"国家老龄事业发展和养老服务体系规划》提出，要完善健康教育和健康管理体系，开发老年健康教育科普教材，通过老年健康宣传周等多种活动，利用多种传播媒介普及健康知识和健康生活方式，提高老年人健康素养。科洛斯尼齐娜等（2014）认为个人的生活方式不仅取决于自身，还与整个社会和国家利益密切相关，中龄留守老人在健康方面处于相对稳定的阶段，但由于年龄的增长，各种慢性疾病的发病率逐渐上升，是需要加强健康管理的重要群

体。增加公共卫生方面的支持能改善留守老人的健康状况，加强健康教育可以提高全民健康素养，可广泛开展全民健身运动，帮助群众塑造自主自律的健康行为，引导群众形成合理膳食、适量运动、戒烟限酒、心理平衡的健康生活方式。

根据多重比较结果，中龄老人的身体功能无论是在生活性自理能力上，还是在工具性自理能力上均与低龄老人无显著差异。这说明，中龄老人的健康状况较好，可以成为老年人力资源的重要组成部分。中龄老人具有丰富的实践经验，其中不乏技艺高超的能人和具有工匠精神的行业翘楚。应践行积极老龄化，消除再就业的年龄歧视，构建老年人就业友好型社会，开展多样化和个性化的就业培训，为老年人再就业赋能（陆杰华，2021：78）。在促进中龄老人劳动参与的过程中，需要充分考虑中龄老人的身体状况、工作意愿和社会贡献等，提供合适的工作岗位，建立合理的激励机制和福利制度以及加强社会宣传和舆论引导等，促进积极老龄化的实现。

（三）高龄留守老人的生活质量相对较低，需加大对其的关爱支持力度

我国老龄化、高龄化程度逐步加深，农村高龄留守老人同时面临家庭养老功能弱化和社会养老体系尚不健全的困境。高龄留守老人的生活质量在物质生活、健康状况、社会参与三个维度在不同年龄段中均处于最低水平。在客观层面，高龄留守老人的个人收入最低，身体功能最弱，社会参与最少；在主观层面，其满意度评价也最低。高龄留守老人在逐步丧失劳动能力后，其他收入渠道较少，基本通过社会保障进行养老。研究发现，高龄留守老人领取的社会保障金显著高于中低龄留守老人，这体现了农村社会保障制度设计的合理性。但同时，高龄留守老人对正式社会支持的满意度最低。这说明，现有的正式社会支持还不能满足高龄留守老人日益增加的养老需求，需要加大支持力度。农村留守老人抵抗风险的能力较弱，农村家庭年轻劳动力外迁导致家庭支持功能弱化，正式社会支持能够成为留守老人面临困境时的补充力量，对提高其生活质量有着至关重要的作用。

在非正式社会支持方面，在三个年龄段中高龄留守老人对子女孝顺的

满意度最低。研究发现，子女虽然给予了高龄留守老人生活照顾，但频次较低，不能满足高龄留守老人的照顾需求。而且，高龄留守老人获得的来自邻居、亲朋的非正式情感慰藉在三个年龄段中也最少。这反映了高龄老人对非正式社会支持依赖程度较高和非正式主体提供的支持不足之间的矛盾。目前我国缺乏对留守老人非正式照护体系的政策支持，应考虑在国家宏观层面出台非正式照护支持制度和政策；在社区中观层面整合照护资源，开展针对老年照顾者的喘息服务和针对被照顾者的日间料理服务。同时，发动社会力量，弘扬孝文化，推动对非正式照护者社会价值的尊重和认可。

研究发现，高龄留守老人对实现个人价值的满意度最低。高龄留守老人丧偶比例较高，社会交往空间较小，不利于其身心健康。农村高龄老人参加的活动类型越多，他们的健康就越受益（丁志宏，2018）。在积极老龄化的背景下，应为农村高龄留守老人社会参与创造条件，发挥社会参与对提高农村留守老人生活质量的积极作用。

第十四章　农村留守老人生活质量的地域差异

党的十九大报告指出，我国社会的主要矛盾已经转化为人民日益增长的美好生活需要和不平衡不充分的发展之间的矛盾。由于我国各区域经济发展的不平衡，不同地区的资源供给在满足老年人口的美好生活需要上存在差异。对不同区域农村老年人口生活质量的差异性进行研究，有助于全面了解农村老年人口的生活质量现状，对于缩小地区差异、促进各区域农村老年人口生活质量和幸福感的全面提升具有重要意义。

一　留守老人客观生活质量的地域差异

（一）物质生活的地域差异

如表 14-1 所示，不同地区的留守老人在收入上存在显著性差异。多重比较发现，中部和东部地区留守老人的个人收入显著高于西部地区留守老人，东部地区留守老人的家庭收入显著高于中部和西部地区留守老人。这说明，受地域发展不平衡的影响，留守老人的收入水平在地区间存在明显的差距，西部地区留守老人的个人收入和家庭收入均处于相对较低的水平。

表 14-1　留守老人收入的地域差异

	地区	人数（人）	均值 （元/年）	标准差 （元/年）	F 值	多重比较
个人收入	中部	331	10050.18	9160.85	37.89***	中部>西部 东部>西部
	西部	360	5291.41	5773.32		
	东部	325	10088.48	9499.73		
	总计	1016	8374.57	8451.35		

续表

	地区	人数（人）	均值（元/年）	标准差（元/年）	F 值	多重比较
家庭收入	中部	331	12328.10	12101.67	23.05***	东部>中部 东部>西部
	西部	360	6533.42	7866.16		
	东部	325	29135.68	77890.05		
	总计	1016	15651.31	45797.62		

*** $p < 0.001$。

如表 14-2 所示，不同地区留守老人的食品开支存在显著差异。多重比较发现，留守老人的食品开支表现为从东到西依次递减的特点。东部地区留守老人每月的食品开支平均为 735.76 元，比中部和西部地区分别高出127% 和 239%。这表明留守老人在基础性的生活开支上存在显著的地区差异，经济条件较好的东部地区远高于经济条件一般的中部、西部地区。分析显示，不同地区留守老人的医疗开支没有显著差异。

表 14-2　留守老人消费状况的地域差异

	地区	人数（人）	均值	标准差	F 值	多重比较
食品开支（元/月）	中部	331	324.34	277.67	97.08***	东部>中部>西部
	西部	360	216.85	190.89		
	东部	325	735.76	831.16		
	总计	1016	417.86	554.99		
医疗开支（元/年）	中部	331	3707.19	8424.77	1.59	无显著性差异
	西部	360	3833.47	8597.54		
	东部	325	2709.59	9742.20		
	总计	1016	3432.72	8931.18		

*** $p < 0.001$。

如表 14-3 所示，不同地区的留守老人在住房状况上存在显著差异。中部地区留守老人的人均住房间数多于东部、西部地区；而西部地区留守老人的卧室空间比中部、东部地区留守老人宽裕。这表明在住房的宽裕程度上，留守老人存在显著的地区差异。居住空间对留守老人的身体和心理健康有着重要影响，也能够反映老年人的居住质量。

表 14-3 留守老人住房状况的地域差异

	地区	人数（人）	均值	标准差	F 值	多重比较
人均住房间数（间）	中部	331	1.95	1.08	10.49***	中部>西部 中部>东部
	西部	360	1.70	1.00		
	东部	325	1.58	1.09		
	总计	1016	1.74	1.07		
卧室面积（米²）	中部	331	16.30	5.71	19.11***	西部>中部 西部>东部
	西部	360	19.83	9.44		
	东部	325	17.45	7.29		
	总计	1016	17.92	7.83		

*** $p < 0.001$。

如表 14-4 所示，不同地区留守老人拥有的生活设施数量存在显著差异。中部、东部地区留守老人拥有生活设施的数量多于西部地区留守老人。日常生活设施种类越多、越齐全，生活就越便利。受所在地区经济发展水平的影响，西部地区留守老人的生活便利程度相对较低。

表 14-4 留守老人生活设施的地域差异

	地区	人数（人）	均值（个）	标准差（个）	F 值	多重比较
生活设施	中部	331	3.95	1.79	103.52***	中部>西部 东部>西部
	西部	360	2.51	1.32		
	东部	325	4.01	1.54		
	总计	1016	3.46	1.71		

*** $p < 0.001$。

（二）健康状况的地域差异

通过计算 5 项生活性自理能力和 4 项工具性自理能力均值，对不同地区留守老人的身体功能进行比较分析。如表 14-5 所示，不同地区的留守老人在生活性自理能力上无显著差异，但在工具性自理能力上存在显著差异。多重比较发现，中部、西部地区留守老人的工具性自理能力强于东部地区留守老人。这说明，东部地区留守老人操持家务和使用社会服务设施的能力相对较低。

表 14-5　留守老人身体功能的地域差异

	地区	人数（人）	均值	标准差	*F* 值	多重比较
生活性 自理能力	中部	331	9.81	0.79	2.47	无显著性差异
	西部	360	9.89	0.57		
	东部	325	9.75	1.16		
	总计	1016	9.82	0.87		
工具性 自理能力	中部	331	7.49	1.38	23.92 ***	中部>东部 西部>东部
	西部	360	7.65	1.08		
	东部	325	6.88	2.01		
	总计	1016	7.35	1.56		

*** $p < 0.001$。

　　如表 14-6 所示，不同地区农村留守老人心理健康的方差分析表明：不同地区的留守老人在心理健康上存在显著差异。东部地区留守老人的心理健康状况优于中部、西部地区的留守老人。通过计算 GDS-15 量表均值测度不同地区留守老人的心理健康状况，均值越低表示心理健康状况越好。由表 14-6 可知，东部地区的均值最低（3.87），其次是中部地区（5.75），均值最高的是西部地区（6.18）。与东部地区相比，中部、西部地区年轻劳动力跨省流动较多，导致子女的情感支持不足，因此中部、西部地区留守老人的心理健康状况与东部地区相比较差。另外，东部地区留守老人的经济条件好于中部、西部地区，较差的经济条件也会对农村留守老人的心理健康产生负面影响。

表 14-6　留守老人心理健康的地域差异

	地区	人数（人）	均值	标准差	*F* 值	多重比较
心理健康	中部	331	5.75	3.92	40.19 ***	东部>西部 东部>中部
	西部	360	6.18	3.46		
	东部	325	3.87	3.20		
	总计	1016	5.30	3.68		

*** $p < 0.001$。

（三）社会参与的地域差异

如表14-7所示，不同地区农村留守老人劳动参与的方差分析表明：不同地区的留守老人在劳动参与上存在显著差异。在农业劳动上，呈现出明显的从东到西逐步递增的特征。农忙时，西部地区的留守老人每周务农时间平均约为35小时，比中部地区多近13个小时，是东部地区留守老人务农时间的4倍多。在打工劳动上，则表现为从东到西逐渐递减的趋势。东部地区留守老人每周打工的时间约为4小时，是西部地区留守老人打工时间的2倍多。在隔代照顾上，中部、西部地区留守老人隔代照顾的时间显著多于东部地区留守老人。留守老人的农业劳动参与时间呈现显著的地区差异，在劳动力以远距离迁移为主的中部、西部地区，子女外出打工显著增加了留守老人的农业劳动时间。

表 14-7　留守老人劳动参与的地域差异

	地区	人数 （人）	均值 （时/周）	标准差 （时/周）	F 值	多重比较
农业劳动	中部	331	21.76	26.99	102.14***	西部>中部>东部
	西部	360	34.74	27.26		
	东部	325	8.26	16.38		
	总计	1016	22.04	26.52		
打工劳动	中部	331	3.64	13.67	3.75*	东部>西部
	西部	360	1.79	9.08		
	东部	325	4.11	12.38		
	总计	1016	3.13	11.82		
隔代照顾	中部	81	38.95	16.33	5.54**	中部>东部 西部>东部
	西部	99	38.68	24.84		
	东部	146	28.29	35.05		
	总计	326	34.09	28.74		

注：* $p<0.05$，** $p<0.01$，*** $p<0.001$；隔代照顾是指留守老人参与照顾孙辈的活动，未参与的不统计。

如表14-8所示，不同地区农村留守老人休闲参与的方差分析表明：不同地区的留守老人在休闲活动、休闲设施和社区活动上存在显著差异。

多重比较发现，中部地区留守老人参与各类休闲活动的类型多于东部、西部地区留守老人；中部、西部地区留守老人了解和使用休闲设施的状况优于东部地区留守老人；同时，东部地区留守老人日常参与各类社区活动的类型比中部、西部地区留守老人多。研究表明，不同地区留守老人的社会参与存在一定差异。中部地区留守老人参与聚会聊天、看电视/听广播、棋牌麻将等休闲活动相对较多，而东部地区留守老人参与社区组织的看电影/看戏、集体健身、兴趣班等活动更为积极、活跃。中部、西部地区留守老人使用体育场地/锻炼设施、图书室、棋牌室等社区休闲设施更为频繁。

表 14-8　留守老人休闲参与的地域差异

	地区	人数（人）	均值（类）	标准差（类）	*F* 值	多重比较
休闲活动	中部	331	2.11	0.98	48.83***	中部>西部 中部>东部
	西部	360	1.57	0.89		
	东部	325	1.39	1.08		
	总计	1016	1.69	1.03		
休闲设施	中部	331	1.83	1.35	24.60***	中部>东部 西部>东部
	西部	360	1.89	1.99		
	东部	325	1.12	1.23		
	总计	1016	1.63	1.61		
社区活动	中部	331	0.63	0.70	11.38***	东部>中部 东部>西部
	西部	360	0.78	0.97		
	东部	325	0.97	1.04		
	总计	1016	0.79	0.93		

*** $p < 0.001$。

（四）非正式社会支持的地域差异

如表 14-9 所示，不同地区的留守老人所获得的经济支持存在显著差异。配偶、子女所提供的家庭经济支持呈现出从东到西逐步递减的趋势。多重比较发现，东部地区留守老人获得的家庭经济支持显著多于中部地区，中部地区留守老人获得的家庭经济支持显著多于西部地区。在邻居、亲戚和朋友提供的经济支持上，东部地区和西部地区留守老人获得的家庭外经济支持显著多于中部地区留守老人。

表 14-9　留守老人获得经济支持的地域差异

	地区	人数（人）	平均值	标准差	F 值	多重比较
家庭 经济支持	中部	331	2.10	0.80	25.04***	东部>中部>西部
	西部	360	1.85	0.77		
	东部	325	2.27	0.77		
	总计	1016	2.07	0.80		
家庭外 经济支持	中部	331	0.84	1.06	21.10***	西部>东部>中部
	西部	360	1.42	1.34		
	东部	325	1.22	1.11		
	总计	1016	1.17	1.20		

*** $p < 0.001$。

　　总的来看，东部地区留守老人获得的家庭经济支持多于中部、西部地区，西部地区留守老人获得的家庭外经济支持多于中部、东部地区。一方面，改革开放以来，中国经济发展呈现明显的地区不平衡特征。东部、中部、西部形成梯度发展态势，东部沿海地区经济增长一直快于中部、西部地区。东部地区经济相对发达，能够提供更多的就业机会，居民收入水平较高，子女有能力为父母提供经济支持。另一方面，由于家庭经济支持的相对薄弱，亲朋邻里的互帮互助成为西部地区家庭支持不足情况下的替代。

　　由表 14-10 可知，留守老人获得的生活照料在地域之间存在显著差异。多重比较发现，家庭提供的生活照料中，东部地区留守老人获得的生活照料显著多于中部、西部地区留守老人。调查发现，受经济发展和地域习俗的影响，东部地区年轻劳动力多半选择近距离的省内流动，方便照顾年迈的父母。而中部、西部地区的经济发展不如东部地区，年轻人更多地选择远距离跨省外出务工，离家较远，因而难以很好地为父母提供生活照料。邻居、亲戚和朋友提供的生活照料中，西部地区留守老人获得的生活照料显著少于中部和东部地区留守老人。

表 14-10　留守老人获得生活照料的地域差异

	地区	人数（人）	平均值	标准差	*F* 值	多重比较
家庭生活照料	中部	331	4.86	2.21	27.37***	东部>西部 东部>中部
	西部	360	4.57	2.29		
	东部	325	5.86	2.57		
	总计	1016	5.08	2.42		
家庭外生活照料	中部	331	3.15	2.59	13.33***	中部>西部 东部>西部
	西部	360	2.53	2.44		
	东部	325	3.60	3.15		
	总计	1016	3.07	2.77		

*** *p*<0.001。

　　如表 14-11 所示，留守老人所获得的情感慰藉存在显著的地域差异。在配偶和子女提供的情感慰藉中，东部地区留守老人获得的情感慰藉显著多于中部、西部地区。与之相反，东部地区留守老人获得的家庭外情感慰藉显著少于中部、西部地区。

表 14-11　留守老人获得情感慰藉的地域差异

	地区	人数（人）	均值	标准差	*F* 值	多重比较
家庭情感慰藉	中部	331	5.31	2.50	8.25***	东部>中部 东部>西部
	西部	360	5.18	2.39		
	东部	325	5.93	2.75		
	总计	1016	5.46	2.56		
家庭外情感慰藉	中部	331	5.57	2.35	29.79***	中部>东部 西部>东部
	西部	360	5.68	2.62		
	东部	325	4.24	3.00		
	总计	1016	5.18	2.74		

*** *p*<0.001。

（五）正式社会支持的地域差异

　　如表 14-12 所示，农村留守老人每月可领取的新农保金额存在显著的地域差异。东部地区农村留守老人每月平均可领取 175.59 元，是中部地区和西部地区的 2 倍多。多重比较结果显示，东部地区农村留守老人每月可领取的金额显著高于中部、西部地区。这是因为，与中部、西部地区相比，东部地区的经济发展水平较高，地方财政对最低标准缴费补贴的承受能力较强，额外承担了50%的基础养老金补贴（郭光芝、杨翠迎，2011）。

表 14-12　留守老人新农保金额的地域差异

	地区	人数（人）	均值（元/月）	标准差（元/月）	F 值	多重比较
新农保金额	东部	249	175.59	320.66	30.70***	东部>中部 东部>西部
	中部	286	70.93	10.54		
	西部	342	79.15	16.78		
	总计	877	103.85	176.95		

*** $p < 0.001$。

如表 14-13 所示，农村留守老人新农合的报销比例存在显著的地域差异。由多重比较可知，西部地区农村留守老人新农合报销比例最高，东部地区次之，中部地区最低。2007 年 9 月，卫生部、财政部和国家中医药管理局下发了《关于完善新型农村合作医疗统筹补偿方案的指导意见》，要求各地根据合作医疗基金的运行状况，并结合自身的经济发展水平，合理确定新农合的起付线、封顶线、补偿比例和补偿范围，重点引导农民在乡镇和村级医疗机构就诊，可以适当拉开县内和县外的报销比例（易福金、顾煐乾，2015）。因此，新农合政策根据农民的就诊地点在报销医疗支出上实行存在差别的报销比例和报销流程。

表 14-13　新农合报销比例的地域差异

	地区	人数（人）	均值（%）	标准差（%）	F 值	多重比较
新农合报销比例	东部	232	71.67	18.21	151.42***	西部>东部>中部
	中部	317	57.65	13.40		
	西部	350	74.77	8.27		
	总计	899	67.93	15.31		

*** $p < 0.001$。

如表 14-14 所示，不同地区农村留守老人到达最近医疗机构的距离存在显著的地域差异。由多重比较可知，东部地区农村留守老人居住地与最近医疗机构的距离最远，西部地区次之，中部地区最近。这说明，中部地区留守老人社区医疗资源的可及性相对较高。

表 14-14　留守老人到达最近医疗机构距离的地域差异

	地区	人数（人）	均值（里）	标准差（里）	F 值	多重比较
与医疗机构的距离	东部	325	4.45	9.07	13.83 ***	东部>西部>中部
	中部	331	1.70	1.91		
	西部	360	3.04	7.01		
	总计	1016	3.05	6.78		

*** *p*<0.001。

　　如表 14-15 所示，不同地区农村留守老人到达最近养老机构的距离存在显著差异。由多重比较可知，西部地区农村留守老人的居住地与最近养老机构的距离明显比中部、东部地区远。由表 14-14 和表 14-15 可知，中部地区的农村留守老人到医疗机构和养老机构的距离相较于东部地区和西部地区是最近的。这与中部地区的地理特征密切相关，中部地处平原地带，居住村落较为集中，人口比较密集，有利于发展便捷的交通网络系统。

表 14-15　留守老人到达最近养老机构距离的地域差异

	地区	人数（人）	均值（里）	标准差（里）	F 值	多重比较
与养老机构的距离	东部	325	8.17	14.57	648.67 ***	西部>中部 西部>东部
	中部	331	5.17	4.47		
	西部	360	46.69	24.57		
	总计	1016	20.84	25.62		

*** *p*<0.001。

　　如表 14-16 所示，社区医疗机构的设置存在显著的地域差异。由多重比较可知，东部地区农村社区医疗机构设立的数量最多，平均至少有两个医疗机构，中部地区最少。分析显示，我国农村地区的医疗卫生资源存在地域之间的配置不平衡。

表 14-16　社区医疗机构设置的地域差异

	地区	人数（人）	均值（个）	标准差（个）	F 值	多重比较
社区医疗机构	东部	325	2.02	0.92	51.37***	西部>中部 东部>西部
	中部	331	1.44	0.69		
	西部	360	1.86	0.64		
	总计	1016	1.77	0.79		

*** $p<0.001$。

如表 14-17 所示，留守老人获得的正式支持存在显著的地域差异。多重比较发现，东部地区留守老人获得的志愿者/非营利组织和社会工作者提供的支持显著多于中部、西部地区。在村委会工作人员提供的支持上，东部地区和西部地区显著多于中部地区。

表 14-17　留守老人获得正式支持的地域差异

	地区	人数（人）	平均值	标准差	F 值	多重比较
村委会工作人员的支持	中部	331	0.49	1.00	5.74**	西部>中部 东部>中部
	西部	360	0.72	1.23		
	东部	325	0.80	1.44		
	总计	1016	0.67	1.24		
志愿者/非营利组织的支持	中部	331	0.00	0.05	24.98***	东部>中部 东部>西部
	西部	360	0.05	0.47		
	东部	325	0.33	1.01		
	总计	1016	0.13	0.65		
社会工作者的支持	中部	331	0.01	0.08	23.98***	东部>中部 东部>西部
	西部	360	0.03	0.32		
	东部	325	0.21	0.65		
	总计	1016	0.08	0.43		

** $p<0.01$，*** $p<0.001$。

如表 14-18 所示，东部地区留守老人获得的正式经济支持和生活照料显著多于中部、西部地区。在正式情感慰藉上，东部地区留守老人获得的正式情感慰藉显著多于中部地区。

表 14-18　留守老人获得正式支持类型的地域差异

	地区	人数（人）	平均值	标准差	F 值	多重比较
正式经济支持	中部	331	0.04	0.20	36.88***	东部>中部 东部>西部
	西部	360	0.12	0.39		
	东部	325	0.39	0.86		
	总计	1016	0.18	0.57		
正式生活照料	中部	331	0.15	0.49	15.59***	东部>西部 东部>中部
	西部	360	0.24	0.70		
	东部	325	0.48	1.08		
	总计	1016	0.29	0.80		
正式情感慰藉	中部	331	0.32	0.68	3.05*	东部>中部
	西部	360	0.44	0.84		
	东部	325	0.48	1.07		
	总计	1016	0.41	0.88		

* $p<0.05$, *** $p<0.001$。

　　总的来看，相比于中部、西部地区，东部地区留守老人获得的正式支持水平较高。东部地区作为我国改革开放的前沿，经济发展水平长期居于全国领先地位。较为充足的经济资源能够为留守老人提供更多的经济支持。而且，东部地区社区服务体系较为成熟，能够吸引和培养更多社工、护理员等专业养老服务人员，社区工作人员的专业化程度较高。这些专业人才的集聚提高了留守老人的生活支持和情感支持水平。

（六）生活环境的地域差异

　　表 14-19 和图 14-1 是调查年三地的空气质量等级的分析。东部地区的空气质量在调查年有 17% 的时间属于优等级，83% 的时间属于良等级。中部地区的空气质量在调查年处于良等级的时间最多，占比 58%；其次是处于优等级的时间，占比 25%；处于轻度污染等级的时间最少，占比 17%。西部地区的空气质量在调查年有 50% 的时间处于良等级，有 25% 的时间处于优等级，还有 25% 的时间处于轻度污染等级。因此，从总体上来看，东部地区的空气质量最优，中部地区的空气质量次之，最后是西部地区。

表 14-19　调查年三地的空气质量等级差异

地区	优（1~50）		良（51~100）		轻度污染（101~150）	
	时长（月）	占比（%）	时长（月）	占比（%）	时长（月）	占比（%）
东部	2	17	10	83	0	0
中部	3	25	7	58	2	17
西部	3	25	6	50	3	25

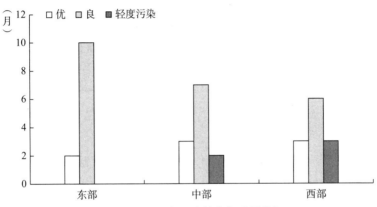

图 14-1　调查年三地的空气质量等级

　　社区犯罪事件数量反映了居住地的治安状况，与居民的安全感密切相关。如表 14-20 所示，社区犯罪事件存在显著的地域差异。由多重比较可知，东部地区农村社区发生的犯罪事件显著多于西部地区。调查发现，当问及"您晚上在家附近单独走动是否害怕受到他人侵害？"时，有 65 人表示会感到害怕。在感到害怕的老年群体中，东部地区的老人有 37 人，占比 56.9%，西部地区的老人有 11 人，占比 16.9%。这说明，东部地区留守老人居住社区的治安状况相对较差，留守老人的安全感有待提升。

表 14-20　社区犯罪事件的地域差异

	地区	人数（人）	均值（起）	标准差（起）	F 值	多重比较
社区犯罪事件	东部	325	0.34	1.11	3.16*	东部>西部
	中部	331	0.21	0.72		
	西部	360	0.19	0.64		
	总计	1016	0.24	0.84		

　* $p < 0.05$。

如表 14-21 所示，村民纠纷事件存在显著的地域差异。由多重比较可知，东部地区农村社区发生的村民纠纷事件最多，西部地区次之，中部地区最少。由表 14-20 和表 14-21 可知，东部地区的社区犯罪事件和村民纠纷事件在三地中均最多。这说明，东部地区留守老人居住环境的安全程度有待提升。

表 14-21　村民纠纷事件的地域差异

	地区	人数（人）	均值（起）	标准差（起）	F 值	多重比较
村民纠纷事件	东部	325	0.84	1.62	19.14***	东部>西部>中部
	中部	331	0.11	0.69		
	西部	360	0.49	1.90		
	总计	1016	0.48	1.54		

*** $p < 0.001$。

二　留守老人主观生活质量的地域差异

（一）物质生活的地域差异

表 14-22 显示的是不同地区农村留守老人物质生活满意度的方差分析结果。由表 14-22 可知，不同地区的农村留守老人在收入与医疗开支的满意度上存在统计意义上的显著差异。东部地区留守老人对收入和医疗开支的满意度最高，中部地区留守老人对收入的满意度最低（5.43），西部地区留守老人对医疗开支的满意度最低（4.81）。东部、西部、中部地区的留守老人在收入满意度评分上呈现出依次递减的趋势。在医疗开支上，东部地区留守老人的满意度高于中部、西部地区。研究结果可作为完善中部、西部地区农村留守老人社会保障政策的依据。

表 14-22　不同地区留守老人物质生活满意度的方差分析

	地区	人数（人）	均值	标准差	F 值	多重比较
收入	中部	331	5.43	2.48	4.663**	西部>中部 东部>中部
	西部	360	5.88	2.44		
	东部	325	5.94	2.14		
	总计	1016	5.75	2.37		

续表

	地区	人数（人）	均值	标准差	*F* 值	多重比较
食品开支	中部	331	6.47	2.33	0.104	无显著性差异
	西部	360	6.51	2.09		
	东部	325	6.43	1.97		
	总计	1016	6.47	2.13		
医疗开支	中部	331	5.10	2.89	12.592 ***	东部>西部 东部>中部
	西部	360	4.81	2.69		
	东部	325	5.80	2.22		
	总计	1016	5.22	2.65		
住房	中部	331	6.85	2.12	2.316	无显著性差异
	西部	360	6.61	2.29		
	东部	325	6.5	2.01		
	总计	1016	6.65	2.15		
生活设施	中部	331	6.66	2.34	2.156	无显著性差异
	西部	360	6.43	2.18		
	东部	325	6.31	2.02		
	总计	1016	6.47	2.18		

** $p<0.01$，*** $p<0.001$。

（二）健康状况的地域差异

如表 14-23 所示，不同地区的农村留守老人在心理健康的满意度上存在统计意义上的显著差异，在身体健康的满意度上没有显著的地域差异。多重比较结果发现：东部、西部地区留守老人的心理健康满意度显著高于中部地区。中部地区留守老人的心理健康满意度有待提高。

表 14-23 不同地区留守老人健康生活满意度的方差分析

	地区	人数（人）	均值	标准差	*F* 值	多重比较
身体健康	中部	331	6.04	2.42	1.679	无显著性差异
	西部	360	6.12	2.36		
	东部	325	6.35	1.98		
	总计	1016	6.17	2.26		

续表

	地区	人数（人）	均值	标准差	F 值	多重比较
心理健康	中部	331	6.63	2.12	7.200**	西部>中部 东部>中部
	西部	360	7.13	1.89		
	东部	325	7.08	1.64		
	总计	1016	6.95	1.90		

** $p < 0.01$。

（三）社会参与的地域差异

表 14-24 显示的是不同地区农村留守老人社会参与满意度的方差分析。由表 14-24 可知，不同地区的农村留守老人在社区休闲场所和设施、社会组织的休闲活动、参加社会活动这三项指标上的满意度存在统计意义上的显著差异。总的来说，西部地区的留守老人对社会参与状况最为满意。在社区休闲场所和设施、社区组织的休闲活动和参加社会活动方面的满意度上，西部地区农村留守老人满意度显著高于中部、东部地区。因此，中部和东部地区需要在社区休闲场所和设施、社区组织的休闲活动、参加社会活动三个方面进行提升。分析表明，目前农村老年人的闲暇生活存在公共设施匮乏、闲暇活动单一等困境，老年人对休闲生活的强烈需求与当前农村地区闲暇生活缺失之间存在矛盾，其深层原因是农村社区公共生活的组织缺位，重建农村社区公共生活势在必行。

表 14-24　不同地区留守老人社会参与满意度的方差分析

	地区	人数（人）	均值	标准差	F 值	多重比较
生产劳动	中部	331	5.34	2.53	0.937	无显著性差异
	西部	360	5.58	2.43		
	东部	325	5.42	2.14		
	合计	1016	5.45	2.37		
社区休闲场所和设施	中部	331	5.14	2.22	9.315***	西部>中部 西部>东部
	西部	360	5.86	2.57		
	东部	325	5.27	2.18		
	合计	1016	5.44	2.35		

续表

	地区	人数（人）	均值	标准差	F 值	多重比较
社区组织的 休闲活动	中部	331	4.97	2.27	5.773**	西部>中部
	西部	360	5.58	2.65		
	东部	325	5.19	2.14		
	合计	1016	5.26	2.39		
参加社会活动	中部	331	4.84	2.50	7.032***	西部>中部 西部>东部
	西部	360	5.51	2.67		
	东部	325	4.98	2.22		
	合计	1016	5.12	2.49		
总的休闲生活	中部	331	5.69	2.22	1.251	无显著性差异
	西部	360	5.95	2.42		
	东部	325	5.78	2.01		
	合计	1016	5.81	2.23		

** $p < 0.01$，*** $p < 0.001$。

（四）非正式社会支持的地域差异

由表 14-25 可知，不同地区留守老人在非正式社会支持的满意度上存在显著差异。在夫妻关系、子女孝顺与家庭和睦上，中部、西部地区留守老人的满意度普遍高于东部地区。在夫妻关系和子女孝顺上，中部地区留守老人的满意度最高。在家庭和睦和人际关系上，西部地区留守老人的满意度最高。农村老人的生活基本靠老伴照顾和自理，少数老人会依靠子女照顾，对于那些无劳动能力又无子女抚养的老年人，邻居亲戚和村委会会帮助照顾老年人的生活。在我国，赡养父母是子女的法定义务，但是外出务工的子女很少有机会回家看望父母。老年人理解外出务工子女的辛苦，往往不愿意因自己的孤独问题影响子女的工作和生活，多数老年人默默承受着寂寞的煎熬。在家庭养老不足的情况下，农村留守老人的养老问题日益突出，解决这些问题刻不容缓。

表 14-25　不同地区留守老人非正式社会支持满意度的方差分析

	地区	人数（人）	均值	标准差	F 值	多重比较
夫妻关系	中部	220	8.58	1.02	10.307 ***	中部>东部 西部>东部
	西部	246	8.50	1.54		
	东部	221	7.98	1.87		
	总计	687	8.36	1.54		
子女孝顺	中部	331	8.87	0.89	34.464 **	中部>西部>东部
	西部	360	8.36	1.55		
	东部	325	7.96	1.65		
	总计	1016	8.40	1.45		
家庭和睦	中部	331	8.06	1.64	13.223 ***	中部>东部 西部>东部
	西部	360	8.15	1.50		
	东部	325	7.53	1.90		
	总计	1016	7.92	1.70		
人际关系	中部	331	6.92	2.49	9.174 ***	西部>中部 西部>东部
	西部	360	7.45	1.94		
	东部	325	6.79	1.96		
	总计	1016	7.07	2.16		

** $p<0.01$, *** $p<0.001$。

（五）正式社会支持的地域差异

如表 14-26 所示，不同地区的农村留守老人在社会政策与养老服务的满意度上存在统计意义上的显著差异。多重比较结果显示，留守老人对新农合政策、公共养老服务、公共医疗服务及社区社会支持的满意度表现为从西到东依次递减的特点；而且在新农保政策上，西部地区留守老人的满意度也显著高于中部、东部地区。这可能是因为国家实施的西部大开发与精准扶贫政策较多地惠及了欠发达地区，如以新农合为代表的正式社会支持极大地提高了西部农村居民对医疗资源的可及性与利用度，从而提高了欠发达地区农村留守老人对公共政策、公共服务及社区社会支持的满意度。

表 14-26　不同地区留守老人正式社会支持满意度的方差分析

	地区	人数（人）	均值	标准差	*F* 值	多重比较
新农保政策	中部	331	6.69	2.77	71.136 ***	西部>中部
	西部	360	8.22	1.70		西部>东部
	东部	325	6.38	1.96		
	总计	1016	7.13	2.32		
新农合政策	中部	331	6.75	2.68	82.337 ***	西部>中部>东部
	西部	360	8.24	1.68		
	东部	325	6.22	2.02		
	总计	1016	7.11	2.32		
公共养老服务	中部	331	6.18	2.33	38.167 ***	西部>中部>东部
	西部	360	6.91	2.34		
	东部	325	5.41	2.02		
	总计	1016	6.19	2.32		
公共医疗服务	中部	331	6.51	2.37	41.214 ***	西部>中部>东部
	西部	360	7.28	2.08		
	东部	325	5.79	1.96		
	总计	1016	6.55	2.23		
社区社会支持	中部	331	6.39	2.27	18.081 ***	西部>中部>东部
	西部	360	6.84	2.09		
	东部	325	5.87	2.00		
	总计	1016	6.38	2.16		

*** $p < 0.001$。

（六）生活环境的地域差异

如表 14-27 所示，不同地区的农村留守老人对生活环境的满意度存在统计意义上的显著差异。多重比较结果显示，留守老人对社区治安状况和总的居住环境的满意度表现为西部、中部、东部依次递减的特点；在对饮用水质量的满意度上则表现为西部最高、东部次之、中部最低的趋势；西部地区留守老人对空气质量的满意度显著高于中部、东部地区的留守老人；在社区公共交通上，中部、西部地区留守老人的满意度显著高于东部地区。总体来看，西部地区留守老人的主观生活环境相对较好。

表 14-27　不同地区留守老人生活环境满意度的方差分析

	地区	人数（人）	均值	标准差	*F* 值	多重比较
空气质量	中部	331	7.25	2.15	62.398 ***	西部>中部 西部>东部
	西部	360	8.40	1.47		
	东部	325	6.90	1.89		
	合计	1016	7.55	1.95		
饮用水质量	中部	331	5.20	2.91	106.113 ***	西部>东部>中部
	西部	360	7.76	2.04		
	东部	325	6.64	1.88		
	合计	1016	6.57	2.54		
社区治安状况	中部	331	7.95	1.41	128.421 ***	西部>中部>东部
	西部	360	8.44	1.41		
	东部	325	6.46	2.13		
	合计	1016	7.65	1.87		
社区公共交通	中部	331	7.17	1.97	31.312 ***	中部>东部 西部>东部
	西部	360	6.89	2.45		
	东部	325	5.85	2.31		
	合计	1016	6.65	2.33		
总的居住环境	中部	331	7.23	1.52	39.628 ***	西部>中部>东部
	西部	360	7.81	1.53		
	东部	325	6.74	1.66		
	合计	1016	7.28	1.63		

*** $p < 0.001$。

（七）精神生活的地域差异

如表 14-28 所示，不同地区的农村留守老人在反映精神生活的被尊重、被关爱和实现个人价值三个子项上均存在统计意义上的显著差异。多重比较发现，中部、西部地区留守老人对精神生活的主观评价显著高于东部地区的留守老人。中部地区留守老人对被尊重和被关爱的满意度最高，西部地区留守老人感受到实现个人价值的程度最高。在精神生活的三个子项上，东部地区留守老人的满意度相对较低。

表 14-28　不同地区留守老人精神生活满意度的方差分析

	地区	人数（人）	均值	标准差	F 值	多重比较
被尊重	中部	331	7.63	1.42	28.327***	西部>东部 中部>东部
	西部	360	7.48	1.55		
	东部	325	6.80	1.52		
	总计	1016	7.31	1.54		
被关爱	中部	331	7.62	1.65	27.354***	西部>东部 中部>东部
	西部	360	7.43	1.76		
	东部	325	6.73	1.47		
	总计	1016	7.27	1.68		
实现个人价值	中部	331	6.65	2.38	21.353***	西部>东部 中部>东部
	西部	360	6.88	2.06		
	东部	325	5.87	1.80		
	总计	1016	6.48	2.14		

*** $p < 0.001$。

三　留守老人生活质量的地域差异特征

（一）东部地区留守老人的客观生活质量相对较高，主观生活质量相对较低

东部地区留守老人客观生活质量的大部分指标优于中部、西部地区。依托长三角和珠三角两大经济圈的产业优势，以及得天独厚邻近港口的地理位置，东部地区的经济发展长期保持全国领先地位。东部地区不仅吸引了大量的资金和人才，也为其居民提供了优质的公共服务。在农村留守老人的客观生活质量方面，东部地区展现出了明显的地域优势。东部地区留守老人的家庭收入显著高于中部、西部地区留守老人，51.7%的东部地区留守老人家庭年收入超过 1 万元。同时，东部地区留守老人平均每月的食品开支高于西部地区 518.91 元。养老方式的选择意愿上，东部地区高达 88.3%的老年人选择了家庭养老，仅有 5.8%和 4.3%的老年人选择机构养老和社区养老，由此可见东部地区留守老人仍然倾向于传统的家庭养老方式。由于东部地区经济发达，劳动力跨省流动相对较少，东部地区留守老

人获得的家人提供的经济支持、生活照料和情感慰藉都处于较高水平。东部地区留守老人每月可领取的新农保金额是中部地区留守老人的 2 倍多。此外，东部地区留守老人获得的村委会工作人员的支持显著多于中部、西部地区，有 18.5%的老年人能获得村委会工作人员提供的经济支持，有 22.2%的老年人可以获得村委会工作人员提供的生活照料。与此同时，东部地区留守老人还享受到了更多的政策福利。东部地区留守老人领取的新农保金额较高，社区医疗机构设置数量较多，医疗资源供给较为充分。

值得注意的是，尽管东部地区留守老人的客观生活质量较高，但其主观生活质量却相对较低。调查发现，东部地区留守老人对正式社会支持、生活环境、精神生活的满意度显著低于中部、西部地区。已有研究表明，客观生活质量与主观生活质量并不是简单的线性关系，主观满意度并不一定会随着客观生活质量的提升而增加（风笑天、易松国，2000：110）。这可能是由于三个方面的原因。

一是农村留守老人的收入在社会群体中处于相对较低的水平，使其产生了相对剥夺感，进而降低了生活满意度。伊斯特林关于幸福感的跨国研究发现，国家的经济增长并没有带来国民平均幸福感的提升（Easterlin，1974）。国家统计局数据显示，2018 年，东部地区农村居民人均可支配收入为 18285.7 元，是东部地区城镇居民人均可支配收入的 39.4%，约为东部地区居民人均可支配收入的 50.4%。2022 年，东部地区农村居民人均可支配收入为 25037.3 元，是东部地区城镇居民人均可支配收入的 42.8%，约为东部地区居民人均可支配收入的 53.2%。尽管东部地区农村居民人均可支配收入在 2018~2022 年增长了 36.9%，但与东部地区居民的人均可支配收入以及城镇居民的人均可支配收入差距并未有明显缩小。幸福感主要由相对收入决定，而相对收入并不会随着平均收入的增加而提高（巫强、周波，2017：53）。调查发现，当问及"您认为自己属于哪个阶层？"时，东部地区超过半数（53.8%）的老人认为自己属于中下层或下层，认为自己属于中上层或上层的比例仅为 7.1%。有学者发现，中国城镇居民的生活满意度上升了 0.43 分，而农村居民则下降了 0.13 分（Crabtree and Wu，2011）。相对收入较低无疑会增加农村老年人的相对剥夺感，从而对其生活满意度产生消极影响。

二是农村留守老人的生活满意度受其主观需求的影响，随着经济条件的改善，影响其生活质量的重要需求发生了变化。国家统计局数据显示，2018~2022 年广东省人均生产总值总体呈现上升趋势，分别为 86412 元、94172 元、88210 元、98285 元、101905 元，增长了 17.9%，位居全国前列。东部地区的经济增长并未带来留守老人主观生活质量的提升，说明经济条件对生活满意度的作用有限。因为个体的主观生活质量是多维的，包括身心健康状况、家庭关系、人际关系等多个方面，绝对收入的增加并不一定能使这些重要生活领域的需求得到满足。调查发现，在东部地区留守老人对各个生活领域的需求中健康需求排第一，均值为 7.62，其次是非正式社会支持需求（7.10），物质需求仅排第三（6.64）。这说明，随着经济发展，东部地区留守老人的需求已从物质需求转向爱与归属、尊重等更高层次的精神需求，物质需求的满足对其幸福感的影响逐渐降低。

三是农村留守老人的主观生活质量受社会比较结果影响，消极的比较结果会降低其生活满意度。一个人对生活的满意度似乎更多地取决于自己与他人的关系，而不是客观环境。如果一个人与他人比较过得更好，其就会感到幸福（Diener，1984）。反之，如果一个人与他人比较过得更差，其就会感到不幸福。Festinger（1954）强调了人们比较主体的选择对自我评价的影响。研究发现，与周围老人及城里老人横向比较的结果对农村老人的幸福感产生显著影响，但后者的影响更大（柯燕、赵雅轩，2023）。当问及"您认为您的生活与城里的老人相比如何？"时，东部地区约六成（60.6%）的老人认为自己的生活比城里老人更差。可见，东部地区多数农村留守老人认为自己的生活不如城里老人。自我完善的兴趣可能会促使一个人与在某些方面更优秀或更富裕的人进行比较，这被称为向上比较（Wheeler，1966）。对于东部地区农村留守老人而言，由于物质生活需求得到满足，他们可能更倾向于向上比较，与城里老人相比的生活质量是影响其幸福感的关键因素。

老年人的生活质量由客观条件与主观感受组成，实施积极应对人口老龄化国家战略必须处理好客观生活条件和主观生活感受的关系（李志宏、金牛，2022：15）。在为农村老年人口提供充裕生活条件的同时，也要注重提升其对生活状况的主观评价。随着国家惠农政策的实施，农村老年人口的客观生活条件已得到明显改善，但城乡差距依然存在，需进一步缩小城乡差距，消除农村老年人口的相对剥夺感，从而全面提升农村老年人口的生活质量。目前我国对于居民生活质量的关注主要聚焦于客观方面，还未将生活满意度、幸福感等主观指标作为重要考量因素。政府需要尽快转换发展观念，摒弃唯经济论的观念，把农村居民的主观生活质量当作考核基层政府及官员的重要因素，将提高居民的主观生活质量纳入社会总体发展目标。

（二）中部地区农村留守老人生活质量处于居中水平，有待进一步提升

总体来看，中部地区农村留守老人的生活质量在区域比较中处于居中水平，但在部分指标上也有比较优势。如中部地区农村留守老人在休闲活动上显著强于东部、西部地区农村留守老人，参与聚会聊天、看电视/听广播、棋牌麻将等休闲活动相对较多，对于体育场地/锻炼设施、图书馆、棋牌室等社区休闲设施使用更频繁。中部地区农村留守老人到达最近的医疗机构、养老机构的距离显著小于东部、西部地区留守老人，说明中部地区农村留守老人社区医疗资源和照护服务的可及性比东部、西部地区更高。国家统计局数据显示，2018～2022 年，中部地区农村居民人均可支配收入逐年增加，分别为 13954.1 元、15290.5 元、16213.2 元、17857.5 元、19080.1 元，增幅达 36.7%。中部地区农村居民人均可支配收入增长态势良好，反映了国家实施的中部地区崛起战略已取得明显成效。2004 年 3 月，温家宝总理在政府工作报告中首次提出促进中部地区崛起，旨在促进中部地区，包括山西、安徽、江西、河南、湖北、湖南六省的共同崛起。这一决策的提出，标志着中部地区崛起战略的正式启动，该战略成为国家战略的重要组成部分。中部地区崛起战略实施二十年取得了显著成效，中部地区凭借区位、政策、资源等优势，经济社会稳健发展，人民福利水平明显提高，与东部地区的经济差距不断缩小。在中部地区崛起战略的实施过程中，中部地区产业结构逐步优化，带动了产业快速发展，提高了地区间的资源配置效率（孙久文、程芸倩，2022）。

尽管总体来看中部地区农村留守老人的生活质量处于居中水平，但仍存在一些突出的问题。中部地区农村留守老人可领取的新农保金额不到东部地区农村留守老人的一半，同时中部地区的新农合报销比例显著低于东部和西部地区。国家统计局数据显示，2022 年中部地区农村居民人均可支

配收入为 19080.1 元，大约比东部地区农村居民人均可支配收入低两成。与东部地区相比，中部地区农村留守老人面临更大的经济压力与医疗支出负担。绝对收入对于中低收入群体的幸福感有显著的正向影响（巫强、周波，2017）。因此，提高中部地区经济发展水平和增加农民收入是提高中部地区农村留守老人生活质量的关键。

促进地区均衡发展，推动中部地区的崛起，是提高中部地区农村留守老人生活质量的长远之计。中部地区作为连接东部、西部地区的桥梁，其经济和社会的发展对于整个国家的稳定与繁荣具有重要意义。2019 年 5 月，习近平总书记在江西南昌主持召开推动中部地区崛起工作座谈会时强调，要紧扣高质量发展要求，乘势而上，扎实工作，推动中部地区崛起再上新台阶。① 首先，应推动中部地区加快崛起，加大财政、税收和产业等方面的支持力度，通过提供优惠政策和资金支持，鼓励企业投资中部地区，推动产业结构升级和农村经济发展。为农村留守老人创造良好的外部经济环境，提供更多的非农就业机会，增加其收入来源。其次，应健全社会保障体系，弥补现行社会保障制度的不足。根据中部地区经济发展情况，因地制宜地采取相应措施优化新农保和新农合政策。在新农保政策上，增加财政补贴、上调养老金并构建动态调整机制；在新农合政策上，提升筹资和补偿标准，并确保区域均等化。尽力提升中部地区的社会保障水平，缩小区域差距，促进社会公平。最后，应加强对中部地区农村留守老人的关爱支持，并切实采取措施应对。全面贯彻落实乡村振兴战略，发展中部地区农村特色产业，鼓励青壮年返乡创业发展，为中部地区农村留守老人提供家庭支持。

（三）西部地区农村留守老人的生活质量具有主观层面高、客观层面低的特点

西部地区农村留守老人在主观生活质量的多个维度上显著优于中部、东部地区，尤其是在正式社会支持、生活环境和精神生活维度上显著优于东部地区。主观生活质量西高东低的分布可以利用隧道效应解释，即在经

---

① 《奋力开创中部地区崛起新局面——从五年成绩单看中部地区高质量发展新成效》，https://www.gov.cn/lianbo/difang/202403/content_6940281.htm，最后访问日期：2024 年 7 月 4 日。

济高速发展的初期阶段，虽然国民收入差距拉大，但整个社会的宽容度较高，老年人相信自己的生活质量会很快提升，乐观的心理预期使其对生活质量有积极的主观评价（王春玲，2023：40）。为解决西部地区发展不平衡不充分的问题，全面促进区域协调发展，1999年9月，党的十五届四中全会明确提出实施西部大开发战略（周毅仁，2021）。二十多年来，国家一直大力支持西部地区发展，将西部欠发达地区的发展上升到国家战略层面。西部大开发战略实施以来，西部地区经济实力显著增强，基础设施更加完善，人民生活水平不断提高。国家政策的支持缓解了个体在心理和生存上的压力，进而提升了西部地区留守老人的主观生活质量（刘瑾等，2023：83）。

虽然西部地区农村留守老人的主观生活满意度相对较高，但其客观生活满意度相对较低，具有主观生活质量高、客观生活质量低的特点。这可能是受自我评价参照标准的影响。米克劳斯（Michalos）提出的多重差异理论认为个人对生活质量的评价来自当前的生活与各种参照标准的对比。1986年，米克劳斯将多重差异理论应用于加拿大安大略省450名老年人样本的满意度和幸福感检测，发现"所拥有的"与"想要的"可感差异变量具有相对最大的预测力和解释力，其次是"自我"与"他人"、"现有的"与"最佳的"。多重差异理论解释了总体满意度变化的1/3和幸福感变化的1/4。笔者在问卷中设计了与多重差异理论相关的问题，包括"与周围的老人/城里的老人/过去的生活/未来的生活/生活目标相比，您觉得目前的生活如何？"前四个问题都包含三个选项——更差、差不多和更好。最后一个问题包含三个选项——差距很大、差距不大和基本没有差距。超过七成（73.6%）的老人认为自己的生活与周围老人差不多或更好；近八成（79.4%）的老人认为自己的生活比过去更好；超过九成（96.7%）的老人认为自己未来的生活跟现在差不多或更好；超过七成（74.4%）的老人认为自己目前的生活与生活目标差距不大或基本没有差距。可见，西部地区农村留守老人大多感觉已拥有了想要的生活，而且现在的生活比过去有了较大的改善，对未来的生活也持乐观的预期。尽管有超过八成（84.4%）的老人感觉自己跟城里的老人的生活相比更差，但这并未降低其生活满意度，反映了西部地区农村留守老人知足常乐的心态。值得注意的是，西部地区农村留守老人的生活质量客观低、主观高的现象与东部地区农村留守老人生活质量客观高、主观低的现象形成反差。这个现象之所以出现可能与西部地区农村留守老人倾向于向下比较及选取的参照对象有关。自我增强的兴趣可能促使一个人与不如自己或不如自己幸运的人进行向下比较（Wills，1981）。对此，今后的研究还需进一步深入探讨与检验。

收入是影响留守老人客观生活质量的重要因素。西部地区农村留守老人的个人收入大约为东部地区农村留守老人个人收入的一半，新农保金额不及东部地区的一半，医疗开支却高于东部地区41.5%。调查发现，西部地区农村留守老人中有56.4%的老人存在有病拖延治疗的情况，其中87.7%的老人是因经济困难而无法及时就医。与东部地区相比，西部地区的经济发展相对滞后，政策性转移支付相对较低，农村留守老人的医疗负担较重。当询问农村留守老人养老方式的选择意愿时，西部地区高达89.7%的老年人选择了家庭养老，仅有5.6%和4.4%的老年人选择机构养老和社区养老。可见，家庭养老依然是西部地区农村留守老人主要的养老方式。但子女外出务工或迁移导致家庭照顾和陪伴缺失，进一步加剧了他们的经济压力和生活困境。此外，西部地区农村留守老人获得的各类社区支持严重不足，仅有10%的老年人能获得村委会工作人员提供的经济支持，16.4%的老年人能获得村委会工作人员提供的生活照料，33.3%的老年人能获得村委会工作人员提供的情感慰藉。而志愿者/非营利组织和社会工作者提供的经济支持、生活照料和情感慰藉几乎可以忽略不计（<2%）。尽管西部大开发在一定程度上取得了优异成绩，但西部地区仍然面临产业结构不合理、内生增长动力不足、市场化水平偏低、县域经济发展滞后、农村与小城镇空心化现象严重、生态环境脆弱、发展观念封闭等一系列深层次的现实问题（白永秀、何昊，2019：61）。

首先，政府应继续加大对西部地区的政策支持力度，推动农村地区产业振兴，提高农村老年人的收入水平。政府应设立专项资金，用于支持西部农村地区的产业发展，特别是那些具有地方特色和优势的产业。鼓励和支持西部农村地区发展现代农业、乡村旅游、农村电商等新兴产业。促进西部地区与其他地区进行经济合作，引进外部资金和技术，提升西部农村地区的产业发展水平。鼓励和支持农村青年、返乡农民工等群体在农村创业，为农村老年人提供更多的就业机会和收入来源。

其次，社会保障资源应向西部地区倾斜，提高新农保和新农合的保障水平。应加大财政投入力度，提高新农保和新农合的保障标准，确保农村老年人能够享受到更加优质的社会保障服务。完善西部地区农村养老保险制度和医疗保障制度，提高西部地区农村留守老人参保率，加强对西部地区农村留守老人的保障。加大财政对西部地区社会保障的支持力度，尽力提升西部地区社会保障水平。

最后，完善西部地区的非正式支持体系，加强社区、社会组织和社会工作者对农村留守老人的支持。积极推动农村社区建设，提高社区的管理水平和服务能力，为农村留守老人提供更加贴心的服务。鼓励和支持社会组织、志愿者在农村地区开展活动，为农村留守老人提供更多的文化娱乐、健康保健等方面的服务。加强农村社会工作机构和社会工作者队伍建设，提高社会工作者为老服务的专业水平和服务能力，切实满足农村留守老人对美好生活的需求。

参考文献

一 中文文献

〔美〕巴比，艾尔，2005，《社会研究方法》，邱泽奇译，华夏出版社。

〔苏〕布留明，1964，《经济学说史》，翟松年译，生活·读书·新知三联书店。

白永秀、何昊，2019，《西部大开发 20 年：历史回顾、实施成效与发展对策》，《人文杂志》第 11 期。

蔡蒙，2006，《劳务经济引致下的农村留守老人生存状态研究——基于四川省金堂县竹篙镇的实证分析》，《农村经济》第 4 期。

陈芳，2014，《福利多元主义视角下农村留守老人社会支持体系的构建》，《理论导刊》第 8 期。

程建超、唐惠艳，2021，《老年人虐待概念分析》，《护理研究》第 2 期。

陈娜、李宁秀、高博、赵娜，2012，《成都市社区老年人口生命质量及其影响因素分析》，《现代预防医学》第 15 期。

陈铁铮，2009，《当前农村留守老人的生存状况——来自 258 位农村老人的调查》，《湖北社会科学》第 8 期。

陈小萍、赵正，2017，《亲子支持对农村留守老人主观幸福感的影响》，《中国老年学杂志》第 17 期。

陈玉生，2020，《"民—群"视角下的社会参与层次：社区公共活动场所的集群效应研究》，《社会科学》第 12 期。

陈正英、楚婷、薛桂娥，2010，《民族地区农村留守老人生存质量调查分析》，《中国老年学杂志》第 1 期。

程翔宇，2016，《居住安排与老年人生活质量——基于 CLHLS 数据的实证研究》，《社会保障研究》第 1 期。

程悦、刘佳、罗屹惟、张春梅、刘彦慧，2020，《农村留守老人健康状况系统评价》，《中国老年学杂志》第 7 期。

戴卫东、孔庆洋，2005，《农村劳动力转移就业对农村养老保障的双重效应分析——基于安徽省农村劳动力转移就业状况的调查》，《中国农村经济》第 1 期。

丁志宏，2018，《社会参与对农村高龄老人健康的影响研究》，《兰州学刊》第 12 期。

杜娟、杜夏，2002，《乡城迁移对移出地家庭养老影响的探讨》，《人口研究》第 2 期。

杜鹏，2013，《中国老年人口健康状况分析》，《人口与经济》第 6 期。

杜鹏、翟振武、陈卫，2005，《中国人口老龄化百年发展趋势》，《人口研究》第 6 期。

杜鹏、丁志宏、李全棉、桂江丰，2004，《农村子女外出务工对留守老人的影响》，《人口研究》第 6 期。

杜鹰，1997，《现阶段中国农村劳动力流动的群体特征与宏观背景分析》，《中国农村经济》第 6 期。

〔瑞士〕弗雷，布伦诺·S.、阿洛伊斯·斯塔特勒，2006，《幸福与经济学：经济和制度对人类福祉的影响》，静也译，北京大学出版社。

费孝通，2011，《乡土中国生育制度乡土重建》，商务印书馆。

风笑天，2007，《生活质量研究：近三十年回顾及相关问题探讨》，《社会科学研究》第 6 期。

风笑天、易松国，2000，《城市居民家庭生活质量：指标及其结构》，《社会学研究》第 4 期。

葛延风、王列军、冯文猛、张冰子、刘胜兰、柯洋华，2020，《我国健康老龄化的挑战与策略选择》，《管理世界》第 4 期。

谷琳、杜鹏，2007，《我国老年人健康自评的差异性分析——基于 2002 年和 2005 年全国老年跟踪调查数据》，《南方人口》第 2 期。

郭光芝、杨翠迎，2011，《新农保中地方财政补贴责任的区域比较研究》，《人口学刊》第 4 期。

国家统计局编，2018，《中国统计年鉴-2018》，中国统计出版社。

国家统计局，2020，《中华人民共和国 2019 年国民经济和社会发展统计公报》，《中国统计》第 3 期。

国家应对人口老龄化战略研究·健康老龄化与老年健康支持体系研究课题
　　组，2014，《健康老龄化与老年健康支持体系研究》，华龄出版社。

郝乐、张启望，2020，《度量人口老龄化的新指标》，《统计与决策》第
　　20 期。

李超，2004，《虐待老人问题的跨文化研究》，《人口研究》第 4 期。

李志宏、金牛，2022，《实施积极应对人口老龄化国家战略——中国的路
　　径选择与认知转向》，《南开学报》（哲学社会科学版）第 6 期。

何燕子、王欢芳、刘嘉雯，2016，《我国东中西部地区区域经济发展差异
　　实证分析》，《南昌航空大学学报》（社会科学版）第 3 期。

贺聪志、叶敬忠，2010，《农村劳动力外出务工对留守老人生活照料的影
　　响研究》，《农业经济问题》第 3 期。

胡斌、朱蓓、钱香玲，2017，《基于 Ordinal Logistic 回归的徐州市区老年人
　　生活满意度影响因素研究》，《中国卫生事业管理》第 4 期。

胡捍卫、汪全海，2016，《社会支持对农村留守老人主观幸福感影响的调
　　查分析》，《皖南医学院学报》第 1 期。

胡荣，1996，《厦门市居民生活质量调查》，《社会学研究》第 2 期。

黄庆波、杜鹏、陈功，2018，《老年父母与成年子女间的代际支持及其影
　　响因素》，《人口与发展》第 6 期。

姬玉、罗炯，2019，《休闲参与、社会支持对老年忧郁及幸福感的影响》，
　　《中国老年学杂志》第 6 期。

蒋浩琛、高嘉敏，2021，《主观评价相对贫困与老年人心理健康、生活满
　　意度的实证研究及政策思考》，《人口与发展》第 5 期。

〔英〕杰文斯，斯坦利，1997，《政治经济学理论》，郭大力译，商务印书馆。

经济合作与发展组织，2012，《民生问题：衡量社会幸福的 11 个指标》，
　　新华出版社。

〔美〕科克汉姆，威廉，2000，《医学社会学》，杨辉、张拓红等译，华夏
　　出版社。

柯燕，2019，《农村留守老人物质生活的供需状况与群体差异》，《哈尔滨
　　工业大学学报》（社会科学版）第 1 期。

柯燕、周长城，2022，《农村留守老人的劳动参与及其对乡村振兴战略的

启示》,《理论月刊》第 7 期。

柯燕、赵雅轩, 2023,《基于多重差异理论的农村老年人主观相对贫困影响因素研究》,《社会福利》(理论版)第 6 期。

科洛斯尼齐娜、西季科夫、张广翔, 2014,《影响健康生活方式的宏观因素》,《社会科学战线》第 7 期。

雷敏, 2016,《农村留守老人精神慰藉现状及对策》,《改革与开放》第 9 期。

〔澳〕拉普勒, 马克, 2012,《生活质量研究导论》, 周长城等译, 社会科学文献出版社。

李春艳、贺聪志, 2010,《农村留守老人的政府支持研究》,《中国农业大学学报》(社会科学版)第 1 期。

李德明、陈天勇、吴振云, 2007,《中国农村老年人的生活质量和主观幸福感》,《中国老年学杂志》第 12 期。

李建新, 2007,《老年人口生活质量与社会支持的关系研究》,《人口研究》第 3 期。

李金坤、吴洪涛、孙广宁、陈晓云、王春平, 2015,《山东省农村留守老人生活质量及抑郁状况调查》,《中华疾病控制杂志》第 9 期。

李静、吴美玲, 2020,《中国城乡人口老龄化发展质量:差异和预测》,《宏观质量研究》第 5 期。

李茂松, 2019,《乡村振兴视角下农村留守老人生活现状及社会工作介入研究》,《产业与科技论坛》第 23 期。

梁丽霞、李伟峰, 2024,《老年人照顾场域中情感互动的性别效应探讨》,《妇女研究论丛》第 1 期。

李强, 2001,《中国外出农民工及其汇款之研究》,《社会学研究》第 4 期。

李文琴, 2014,《中国农村留守老人精神需求的困境与化解》,《思想战线》第 1 期。

李越、崔红志, 2013,《农村老年人口主观生活质量与客观生活质量差异及形成机理的实证分析——基于对江苏省姜堰市坡岭村农户问卷调查的数据》,《农村经济》第 12 期。

李正龙, 2006,《居民生活质量满意度的实证研究》,《华东经济管理》第 6 期。

李卓、郭占锋, 2016,《抗逆力视角下留守老人社会疏离的社会工作干预模式》,《华中农业大学学报》(社会科学版)第 6 期。

连玉君、黎文素、黄必红,2014,《子女外出务工对父母健康和生活满意度影响研究》,《经济学》(季刊)第 4 期。

林宝,2018,《人口老龄化城乡倒置:普遍性与阶段性》,《人口研究》第 3 期。

林宝,2023,《完善养老保障与服务体系 积极应对人口老龄化》,《中国人口科学》第 4 期。

林卡,2013,《社会政策、社会质量和中国大陆社会发展导向》,《社会科学》第 12 期。

林南、卢汉龙,1989,《社会指标与生活质量的结构模型探讨——关于上海城市居民生活的一项研究》,《中国社会科学》第 4 期。

林南、王玲、潘允康、袁国华,1987,《生活质量的结构与指标——1985 年天津千户户卷调查资料分析》,《社会学研究》第 6 期。

刘刚军、程旺、马丽、乔慧,2022,《宁夏农村地区老年人自评健康状况及影响因素分析》,《宁夏医科大学学报》第 3 期。

刘晶,2009,《城市居家老年人主观生活质量评价及其影响因素研究》,《西北人口》第 1 期。

刘瑾、孟庆庄、田靖文,2023,《高质量发展背景下的西部大开发:实施效果与突破路径》,《西部经济管理论坛》第 1 期。

刘梅、徐婕、王金龙,2015,《农村留守老年人心理健康状况影响因素研究》,《医学与哲学》第 10 期。

刘文、焦佩,2015,《国际视野中的积极老龄化研究》,《中山大学学报》(社会科学版)第 1 期。

刘渝林,2005,《老年人口生活质量的涵义与内容确定》,《人口学刊》第 1 期。

刘渝琳,2007,《养老质量测评:中国老年人口生活质量评价与保障制度》,商务印书馆。

陆杰华,2021,《老龄社会背景下老年人力资源开发与利用》,《中国党政干部论坛》第 5 期。

卢海阳、钱文荣,2014,《子女外出务工对农村留守老人生活的影响研究》,《农业经济问题》第 6 期。

卢淑华，1992，《生活质量主客观指标作用机制研究》，《中国社会科学》第 1 期。

马佳羽、韩兆洲、蔡火娣，2020，《空气质量对生活满意度的效应研究——基于序数分层空间自回归 Probit 模型》，《统计研究》第 11 期。

马明义、王思佳、徐家鹏，2020，《农村留守老人多维贫困：测度、分解及扶贫对策——以陕南安康市为例》，《干旱区资源与环境》第 6 期。

苗艳青，2008，《卫生资源可及性与农民的健康问题：来自中国农村的经验分析》，《中国人口科学》第 3 期。

〔英〕马歇尔，1965，《经济学原理》，陈良璧译，商务印书馆。

〔美〕马斯洛，1987，《动机与人格》，许金声、程朝翔译，华夏出版社。

毛小平、罗建文，2012，《影响居民幸福感的社会因素研究——基于 CGSS2005 数据的分析》，《湖南科技大学学报》（社会科学版）第 3 期。

毛京沭、周建芳、舒星宇，2018，《中国东、中、西部地区农村老人健康状况及影响因素分析》，《中国公共卫生》第 3 期。

梅锦荣，1999，《老年抑郁量表和普通健康问卷（简本）信度和效度的研究》，《中华精神科杂志》第 1 期。

牟焕玉、陈利钦、朱杉杉、徐东娟、凌吉英、王克芳，2018，《养老机构老年人生活质量内涵的质性研究》，《齐鲁护理杂志》第 4 期。

穆光宗，2016，《银发中国——从全面二孩到成功老龄化》，中国民主法制出版社。

聂建亮、钟涨宝，2017，《环境卫生、社会治安与农村老人幸福感——基于对湖北省农村老人的问卷调查》，《华中农业大学学报》（社会科学版）第 2 期。

〔法〕帕伊亚·保罗，1999，《老龄化与老年人》，杨爱芬译，商务印书馆。

裴劲松、矫萌，2020，《社会保险对农村留守老年人的子女养老替代效应研究——基于 CHARLS 的微观数据》，《河北大学学报》（哲学社会科学版）第 5 期。

亓昕、郝彩虹，2010，《性别视角下的高龄老人社会支持状况研究》，《人口与经济》第 4 期。

乔洪武，2000，《论马歇尔的经济伦理思想》，《经济评论》第 1 期。

石智雷，2015，《多子未必多福——生育决策、家庭养老与农村老年人生活质量》，《社会学研究》第 5 期。

舒玢玢、同钰莹，2017，《成年子女外出务工对农村老年人健康的影响——
再论"父母在，不远游"》，《人口研究》第 2 期。

孙久文、程芸倩，2022，《中部地区高质量发展的成效、特征及对策建
议》，《治理现代化研究》第 2 期。

宋月萍、张涵爱、李龙，2015，《留守"广场舞"与健康福利——老年文
娱活动健康促进作用分析》，《人口与发展》第 5 期。

孙鹃娟，2006，《劳动力迁移过程中的农村留守老人照料问题研究》，《人
口学刊》第 4 期。

孙鹃娟、梅陈玉婵、陈华娟，2014，《老年学与老有所为》，中国人民大学
出版社。

唐踔，2016，《构建以需求为导向的农村留守老人社会支持体系》，《中国
老年学杂志》第 8 期。

唐丹、邹君、申继亮、张凌，2006，《老年人主观幸福感的影响因素》，
《中国心理卫生杂志》第 3 期。

陶慧、王海彦、杨倩蓉、吴青、吴雷，2019，《社区老年人心理弹性与生
活质量相关性》，《中国老年学杂志》第 6 期。

王春玲，2023，《我国 28 个省份老年人生活质量评价及其分异特征研究》，
《中国医疗管理科学》第 5 期。

王大华、佟雁、周丽清、申继亮，2004，《亲子支持对老年人主观幸福感
的影响机制》，《心理学报》第 1 期。

王大雪、何剑、周晓艳、任继刚、李芳，2019，《医疗精准扶贫对农村留
守老人健康状况的影响》，《中国卫生产业》第 28 期。

王莉、王冬，2019，《老人非正式照护与支持政策——中国情境下的反思
与重构》，《人口与经济》第 5 期。

王莉、王彦力，2010，《我国老年人力资源开发探析》，《长沙大学学报》
第 6 期。

王来华、瑟夫·施耐德约，2000，《论老年人家庭照顾的类型和照顾中的
家庭关系——一项对老年人家庭照顾的"实地调查"》，《社会学研
究》第 4 期。

王全胜，2007，《农村留守老人问题初探》，《学习论坛》第 1 期。

王小龙、兰永生，2011，《劳动力转移、留守老人健康与农村养老公共服务供给》，《南开经济研究》第 4 期。

王晓凤、龙蔚，2013，《社会保障二元性对农村留守老人生活质量的影响》，《农村经济与科技》第 12 期。

王晓峰、孙碧竹，2019，《农村留守老人健康管理模式构建》，《社会科学战线》第 4 期。

王晓亚，2014，《农村留守老人的生活照料问题探讨》，《郑州大学学报》（哲学社会科学版）第 3 期。

王雪辉、彭聪，2020，《我国老年人口群体特征的变动趋势研究》，《人口与社会》第 4 期。

王艳梅、张艳芬、李萍、冯蕾、刘芬，2008，《乌鲁木齐市社区老年人生活质量与社会支持相关性分析》，《疾病监测》第 2 期。

王志理，2019，《世界人口增速放缓人类进入低增长时代——〈世界人口展望 2019〉研讨会在京召开》，《人口与健康》第 7 期。

卫龙宝、储雪玲、王恒彦，2008，《我国城乡老年人口生活质量比较研究》，《浙江大学学报》（人文社会科学版）第 6 期。

温涵、梁韵斯，2015，《结构方程模型常用拟合指数检验的实质》，《心理科学》第 4 期。

温兴祥，2017，《中老年人生活自理能力的性别差异之谜》，《人口研究》第 3 期。

温兴祥、肖书康、温雪，2016，《子女外出对农村留守父母健康的影响》，《人口与经济》第 5 期。

温忠麟、侯杰泰、马什赫伯特，2004，《结构方程模型检验：拟合指数与卡方准则》，《心理学报》第 2 期。

温忠麟、侯杰泰、张雷，2005，《调节效应与中介效应的比较和应用》，《心理学报》第 2 期。

邬沧萍，2002，《提高对老年人生活质量的科学认识》，《人口研究》第 5 期。

吴明隆，2010，《问卷统计分析实务——SPSS 操作与应用》，重庆大学出版社。

巫强、周波，2017，《绝对收入、相对收入与伊斯特林悖论：基于 CGSS 的实证研究》，《南开经济研究》第 4 期。

吴振云，2003，《老年心理健康的内涵、评估和研究概况》，《中国老年学杂志》第 12 期。

武亚晓，2020，《浅谈农村留守老人心理健康》，《心理月刊》第 12 期。

向琦祺、李祚山、方力维、陈晓科，2017，《老年人心理资本与生活质量的关系》，《中国心理卫生杂志》第 9 期。

向运华、胡天天，2020，《社会保障支出与老龄人口生活质量》，《宏观质量研究》第 2 期。

谢立黎、汪斌，2019，《积极老龄化视野下中国老年人社会参与模式及影响因素》，《人口研究》第 3 期。

谢亚萍，2019，《农村留守老人养老问题研究——以华中地区小连楼村为例》，《农村实用技术》第 12 期。

邢华燕、韩忠敏、闫灿、郭子良、曹红玲，2016，《河南农村老年人生活质量及其影响因素》，《中国公共卫生》第 9 期。

邢占军，2011，《公共政策导向的生活质量评价研究》，山东大学出版社。

邢占军、黄立清，2007，《当前主要社会群体主观生活质量研究——以沿海某省调查为例》，《南京社会科学》第 1 期。

徐克静、王海军，1993，《生活质量研究的现状和展望》，《医学理论与实践》第 11 期。

许惠娇、贺聪志，2020，《"孝而难养"：重思农村留守老人的养老困境》，《中国农业大学学报》（社会科学版）第 4 期。

许志华、曾贤刚、虞慧怡、秦颖，2018，《公众幸福感视角下环境污染的影响及定价研究》，《重庆大学学报》（社会科学版）第 4 期。

闫宇、于洋，2020，《乡村振兴视角下农村留守老人生活现状分析——以保定市 N 村和 Z 村为例》，《农业与技术》第 18 期。

颜君、何红，2005，《广州市社区老年人健康与生活状况调查》，《中国公共卫生》第 6 期。

颜宪源、东波，2010，《论农村老年弱势群体社会支持网络的建构》，《学术交流》第 6 期。

杨菊华、史冬梅，2021，《积极老龄化背景下老年人生产性资源开发利用研究》，《中国特色社会主义研究》第 5 期。

殷金朋、赵春玲、贾占标、倪志良，2016，《社会保障支出、地区差异与居民幸福感》，《经济评论》第 3 期。

易松国、风笑天，1999，《城市居民家庭生活质量主客观指标结构探讨》，《上海社会科学院学术季刊》第 1 期。

杨宗传，2000，《再论老年人口的社会参与》，《武汉大学学报》（人文社会科学版）第 1 期。

叶敬忠、贺聪志，2008，《静寞夕阳：中国农村留守老人》，社会科学文献出版社。

叶勇立、钟莹、伍艳荷、黄敬烨、肖灵君、赵亮、常建国、李娜、黄俭强，2007，《农村老年人生存质量与生活状态的相关性研究》，《中国老年学杂志》第 1 期。

易福金、顾熀乾，2015，《歧视性新农合报销比例对农村劳动力流动的影响》，《中国农村观察》第 3 期。

于普林、袁鸿江，2002，《老年医学》，人民卫生出版社。

原新，2023，《全面推动人口高质量发展 厚植人口综合竞争力》，《中国人口科学》第 4 期。

〔美〕扎斯特罗，查尔斯·H.、卡伦·K. 柯斯特-阿什曼，2006，《人类行为与社会环境》，师海玲、孙岳等译，中国人民大学出版社。

詹奕、李海峰、陈天勇、韩布新，2015，《老年人的家庭和非家庭社会关系与生活满意度的关系》，《中国心理卫生杂志》第 8 期。

占建华、梁胜林，2003，《老年人生活质量与心理健康的相关性研究》，《健康心理学杂志》第 2 期。

张姣姣、曹梅娟，2010，《老年人生活质量评价指标的研究现状与思考》，《护理学杂志》第 18 期。

张培刚，1997，《微观经济学的产生和发展》，湖南人民出版社。

张培刚，2001，《发展经济学》，河南人民出版社。

张文娟、李树茁，2005，《子女的代际支持行为对农村老年人生活满意度的影响研究》，《人口研究》第 5 期。

张忆雄、桂莹、邹焰、冉文亮、马佳、李小平，2013，《中国不同地区老年人生活质量对比及影响因素》，《中国老年学杂志》第 18 期。

赵成云，2019，《农村留守老人互助养老模式探究》，《劳动保障世界》第

33 期。

赵迪、赵梦璐、王娜、付明晶、王爱敏，2020，《社区老年人社会隔离及抑郁孤独与生活质量的关系》，《护理学杂志》第 15 期。

赵细康，1997，《农村老年人生活质量主观评价分析》，《人口与经济》第 6 期。

赵晓雷，1996，《马歇尔"均衡价格论"的价值决定评析》，《财经研究》第 9 期。

郑莉、李鹏辉，2018，《社会资本视角下农村留守老人精神健康的影响因素分析——基于四川的实证研究》，《农村经济》第 7 期。

郅玉玲，2007，《农村老年人物质生活质量性别差异的实证研究——以浙江省为例》，《浙江学刊》第 3 期。

钟曼丽，2017，《农村留守老人生存与发展状况研究——基于湖北省的调查》，《湖北社会科学》第 1 期。

周林刚，2009，《城市化后失地农民生活质量的制约因素分析——基于深圳的问卷调查》，《广东社会科学》第 2 期。

周长城，2001，《社会发展与生活质量》，社会科学文献出版社。

周长城、刘红霞，2011，《生活质量指标建构及其前沿述评》，《山东社会科学》第 1 期。

周毅仁，2021，《形成推动西部大开发的强大合力》，《光明日报》11 月 4 日，第 5 版。

朱旭红，2012，《浙江省老年人口生活状况及其性别差异研究》，社会科学文献出版社。

郑杭生，1988，《试论"以人为中心"的社会发展指标体系》，《社会学研究》第 5 期。

郑之良，2010，《可持续发展背景下我国老年人力资源开发研究》，《人口与经济》第 1 期。

二 英文文献

Antman, F. M. 2010. "Adult Child Migration and the Health of Elderly Parents Left Behind in Mexico." *American Economic Review* 100 (2)：205-208.

Arthur, Jr. W., S. T., Bell, A. J., Villado, and D., Doverspike. 2006.

"The Use of Person-organization Fit in Employment Decision Making: An Assessment of Its Criterion-related Validity. " *J Appl Psychol* 91 (4): 786-801.

Bai, Y. , F. , Bian, L. , Zhang, and Y. , Cao. 2020. "The Impact of Social Support on the Health of the Rural Elderly in China. " *International Journal of Environmental Research and Public Health* 17 (6): 2004.

Blore, J. D. , M. A. , Stokes, D. , Mellor, L. , Firth, and R. A. , Cummins. 2011. "Comparing Multiple Discrepancies Theory to Affective Models of Subjective Wellbeing. " *Social Indicators Research* 100 (1): 1-16.

Bondevik, M. , and A. , Skogstad. 1998. "The Oldest Old ADL, Social Network, and Loneliness. " *Western Journal of Nursing Research* 20 (3): 325-343.

Bonnie, R. J. , and R. B. , Wallace. 2003. *Elder Mistreatment Measures: Abuse, Heglect, and Exploitation in an Aging America.* Washington (DC): National Academies Press (US) .

Borthwick-Duffy, S. A. , K. F. , Widaman, T. D. , Little, and R. K. , Eyman. 1992. "Foster Family Care for Persons with Mental Retardation. " *Monographs of the American Association on Mental Retardation* 17: 1-197.

Bowling, A. , and J. , Windsor. 2001. "Towards the Good Life: A Population Survey of Dimensions of Quality of Life. " *Journal of Happiness Studies* 2 (1): 55-82.

Browne, J. P. , C. A. , O'Boyle, H. M. , McGee, C. R. B. , Joyce, N. J. , McDonald, K. , O'Malley, and B. , Hiltbrunner. 1994. "Individual Quality of Life in the Healthy Elderly. " *Quality of Life Research* 3 (4): 235-244.

Calbraith, J. K. 1958. *The Affluent Society.* Boston: Mifflin.

Campbell, A. 1972. "Aspiration, Satisfaction and Fullfillment. " *In The Human Meaning of Social Change*, edited by Angus, C. , and P. E. , Converse, pp. 441-446. New York: Russel Sage Foundation.

Campbell, A. , P. E. , Converse, and W. L. , Rodgers. 1976. *The Quality of American Life: Perceptions, Evaluations and Satisfaction.* New York: Russell Sage Foundation.

Christiansen, D. 1994. "Intergenerational Relations." In: Campbell C. S., Lustig B. A. (eds.), *Theology and Medicine*: Duties to Others 4: 247–257.

Cobb, S. 1976. "Social Support as a Moderator of Life Stress." *Psychosomatic Medicine* 38 (5): 300–314.

Crabtree, S., and T., Wu. 2011. "China's Puzzling Flat Line." *Gallup Business Journal*. http://www.gallup.com/businessjournal/148853/China-Puzzling-Flat-Line.aspx.

Cummins, R. A., and J., Cahill. 2000. "Progress in Understanding Subjective Quality of Life." *Intervencion Psisocial*: *Revistasobre Igualdady Calidad De Vida* 9: 185–198.

Cummins, R. A. 1996. "The Domains of Life Satisfaction: An Attempt to Order Chaos." *Social Indicators Research* 38: 303–328.

Cummins, R. A. 2000. "Objective and Subjective Quality of Life: An Interactive Model." *Social Indicators Research* 52: 55–72.

Danesh M. J., and A. L. S., Chang. 2015. "The Role of the Dermatologist in Detecting Elder Abuse and Neglect." *Journal of the American Academy of Dermatology* 73 (2): 285–293.

de Belvis, A. G., M., Avolio, A., Spagnolo, G., Damiani, L., Sicuro, A., Cicchetti, W., Ricciardi, and A., Rosano. 2008. "Factors Associated with Health-related Quality of Life: The Role of Social Relationships Among the Elderly in an Italian Region." *Public Health* 122 (8): 784–793.

de Craen, A. J. M., T. J., Heeren, and J., Gussekloo. 2003. "Accuracy of the 15-item Geriatric Depression Scale (GDS-15) in a Community Sample of the Oldest Old." *International Journal of Geriatric Psychiatry* 18 (1): 63–66.

Dean, A., and A., Chakraborty. 1990. "Social Stress and Mental Health / a Social-psychiatric Field Study of Calcutta." *Contemporary Sociology* 21 (1): 119.

Diener, E. 1984. "Subjective Well-being." *Psychological Bulletin* 95 (3): 542.

Diener, E., and E., Suh. 1997. "Meaning Quality of Life: Economic, Social and Subjective Indicators. " *Social Indicators Research* 40: 189-216.

Easterlin, R. A. 1974. "Does Economic Growth Improve the Human Lot? Some Empirical Evidence. " *In Nations and Households in Economic Growth*, edited by David and W. R., Melvin, pp. 89 - 125. New York: Academic Press.

Easterlin, R. A. 2001. "Income and Happiness: Towards a Unified Theory. " *The Economic Journal* 111 (473): 465-484.

Elosua, P. 2011. "Subjective Values of Quality of Life Dimensions in Elderly People. A SEM Preference Model Approach. " *Social Indicators Research* 104: 427-437.

Erikson, R., and H., Uusitalo. 1987. "The Scandinavian Approach to Welfare Research. Swedish Institute for Social Research. " *International Journal of Sociology* 16 (3-4) : 175-193.

Farquhar, M. 1995. "Elderly People's Definitions of Quality of Life. " *Social Science & Medicine* 41 (10): 1439.

Felce, D., and J., Perry. 1995. "Quality of Life: Its Definition and Measurement. " *Research in Developmental Disabilities* 16 (1): 51-74.

Festinger, L. 1954. "A Theory of Social Comparison Processes. " *Human Relations* 7 (2): 117-140.

Fornell, C., and D. F., Larcker. 1981. "Evaluating Structural Equation Models with Unobservable and Measurement Errors. " *Journal of Marketing Research* 18 (6): 39-50.

Gabriel, Z., and A., Bowling. 2004. "Quality of Life from the Perspectives of Older People. " *Ageing & Society* 24 (5): 675-691.

Galbraith, J. K. 1958. *The Affluent Society*. Boston, MA: Houghton Mifflin.

Giacomin, K. C., S. V., Peixoto, E., Uchoa, and M. F., Lima-Costa. 2008. "A Population-based Study on Factors Associated with Functional Disability Among Older Adults in the Great Metropolitan Belo Horizonte, Minas Gerais State, Brazil. " *Cadernos de Saúde Pública* 24 (6): 1260-1270.

Giles, J., and R., Mu. 2007. "Decisions of Adult Children: Evidence from Rural China. " *Demography* 44 (2): 265-288.

Hair J. F. , R. E. , Anderson, B. J. , Babin, and W. C. , Black. 2010. *Multivariate Data Analysis: A Global Perspective*. New Jersey: Person.

Havighurst, R. J. 1972. *Developmental Tasks and Education*. New york: David McKay Company.

Henchoz, Y. , C. , Büla, I. , Guessous, R. , Goy, M. , Dupuis, and B. , Santos-Eggimann. 2020. "Validity of the Older People Quality of Life-7 Domains (OQoL-7) Scale." *Health and Quality of Life Outcomes* 18 (1): 1-9.

Hu, Z. , L. , Qin, A. C. , Kaminga, and H. , Xu. 2020. "Relationship Between Multiple Lifestyle Behaviors and Health-related Quality of Life among Elderly Individuals with Prediabetes in Rural Communities in China: A STROBE-compliant Article." *Medicine* 99 (15): e19560.

Jacob, J. C. , and M. B. , Brinkerhoff. 1997. "Values, Performance and Subjective Well-being in the Sustainability Movement: An Elaboration of Multiple Discrepancies Theory." *Social Indicators Research* 42 (2): 171-204.

Jacob, J. C. , and M. B. , Brinkerhoff. 1999. "Mindfulness and Subjective Well-being in the Sustainability Movement: A Further Elaboration of Multiple Discrepancies Theory." *Social Indicators Research* 46 (3): 341-368.

Kalache, A. and Kickbusch, I. 1997. "A Global Strategy for Healthy Ageing." *World Health* 50 (4): 4-5.

Katz S. , A. B. , Ford, R. W. , Moskowitz, B. A. , Jackson, and M. W. , Jaffe. 1963. "Studies of Illness in the Aged: The Index of ADL: A Standardized Measure of Biological and Psychosocial Function." *Jama* 185 (12): 914-919.

Knodel J. , and C. , Saengtienchai. 2007. "Rural Parents with Urban Children: Social and Economic Implications of Migration for the Rural Elderly in Thailand." *Population, Space and Place* 13 (3): 193-210.

Kreager, P. 2006. "Migration, Social Structure and Old-age Support Networks: A Comparison of Three Indonesian Communities." *Ageing & Society* 26 (1): 37-60.

Kristof, A. 1996. "Person Organization Fit: An Integrative Review of Its Conceptualizations, Measurement, and Implications". *Personnel Psychology* 49: 1-49.

Lachs, M. S., C. S., Williams, S., O'Brien, K. A., Pillemer, and M. E., Charlson. 1998. "The Mortality of Elder Mistreatment." *Jama* 280 (5): 428-432.

Lawton, M. P., and E. M., Brody. 1969. "Assessment of Older People: Self-maintaining and Instrumental Activities of Daily Living." *Gerontologist* 9 (3): 179-186.

Lawton, M. P. 1968. "Problems in the Functional Assessment of Older People." Paper Presented at the 21st Annual Meeting of Gerontological Society, Denver.

Lee, T., and R. W., Marans. 1980. "Objective and Subjective Indicators: Effects of Scale Discordance on Interrelationships." *Social Indicators Research* 8: 47-64.

Levasseur, M., J., Desrosiers, and L., Noreau. 2009. "Is Social Participation Associated with Quality of Life of Older Adults with Physical Disabilities?" *Disability & Rehabilitation* 26 (20): 1206-1213.

Liu, B. 1983. "Variations in Economic Quality of Life Indicators in the USA: An Interstate Observation over Time." *Mathematical Social Sciences* 5 (1): 107-120.

Maslow, A. H. 1943. "A Theory of Human Motivation." *Psychological Review* 50: 372-398.

Meadow, H. L., J. T., Mentzer, D. R., Rahtz, and M. J., Sirgy. 1992. "A Life Satisfaction Measure Based on Judgment Theory". *Social Indicators Research* 26 (1): 23-59.

Michalos, A. C., and P. M., Kahlke. 2010. "Stability and Sensitivity in Perceived Quality of Life Measures: Some Panel Results." *Social Indicators Research* 98 (3): 403-434.

Michalos, A. C., P. M., Hatch, D., Hemingway, L., Lavallee, A., Hogan, and B., Christensen. 2007. "Health and Quality of Life of Older People, A Replication after Six Years." *Social Indicators Research* 84

(2): 127-158.

Michalos, A. C. 1986. "An Application of Multiple Discrepancies Theory (MDT) to Seniors." *Social Indicators Research* 18 (4): 349-373.

Michalos, A. C. 1991. *Global Report on Student Well-being. Vol. 1. Life Satisfaction and Happiness.* New York: Springer-Verlag.

Michalos, A. C. 1991. *Global Report on Student Well-being: Vol. 2. Family, Friends, Living Partner and Self-esteem.* New York: Springer-Verlag.

Michalos, A. C. 1985. "Multiple Discrepancies Theory (MDT)." *Social Indicators Research* 16 (4): 347-413.

Miltiades, H. B. 2002. "The Social and Psychological Effect of an Adult Child's Emigration on Non-immigrant Asian Indian Elderly Parents." *Journal of Cross-Cultural Gerontology* 17 (1): 33-55.

Nepomuceno, B. B., A. A. V., Cardoso, V. M., Ximenes, J. P. P., Barros, and J. F., Leite. 2016. "Mental Health, Well-being, and Poverty: A study in Urban and Rural Communities in Northeastern Brazil." *Journal of Prevention & Intervention Community* 44 (1): 63-75.

Neugarten B. L., R. J., Havinghurst, and S. S., Tobin. 1961. "Measurement of Life Satisfaction." *Journal of Gerontology* 16: 134-143.

Noll, H. H. 2002. "Social Indicators and Quality of Life Research: Background, Achievements and Current Trends." In *Advances in Sociological Knowledge over Half a Century*, edited by Nicolai G., pp. 168-206. Paris: International Social Science Council.

Noll, H. H. 2002. "Towards a European System of Social Indicators: Theoretical Framework and System Architecture." *Social Indicators Research* 58: 47-87.

Noll, H. H., 1996. "Social Indicators and Social Reporting: The International Experience." In Canadian Council on Social Development (ed.), pp. 7-9. Symposium on Measuring Well-Being and Social Indicators. Final report. Ottawa, January.

Nussbaum, M., and A., Sen. 1993. *The Quality of Life.* New York: Oxford University Press.

Paiva, M. H. P. , M. S. , Pegorari, J. S. , Nascimento, and Á. S. , Santos. 2016. "Factors Associated with Quality of Life Among the Elderly in the Community of the Southern Triangle Macro-region, Minas Gerais, Brazil. " *Ciência & Saúde Coletiva* 21 (11): 3347-3356.

Pfeiffer, D. , and S. , Cloutier. 2016. "Planning for Happy Neighborhoods. " *Journal of the American Planning Association* 82 (3): 1-13.

Qadri, S. S. , S. K. , Ahluwalia, A. M. , Ganai, S. P. , Bali, F. A. , Wani, and H. , Bashir. 2013. "An Epidemiological Study on Quality of Life Among Rural Elderly Population of Northern India. " *Int J Med Sci Public Health* (2): 514-22.

Rong, J. , G. , Chen, X. , Wang, Y. , Ge, N. , Meng, T. , Xie, and H. , Ding. 2019. "Correlation Between Depressive Symptoms and Quality of Life, and Associated Factors for Depressive Symptoms Among Rural Elderly in Anhui, China. " *Clinical Interventions in Aging* 14: 1901-1910.

Rong, J. H. , Ding, G. , Chen, Y. , Ge, T. , Xie, and N. , Meng. 2020. "Quality of Life of Rural Poor Elderly in Anhui, China. " *Medicine* 99 (6): 19105.

Rostow, W. W. 1971. *Politics and the Stages of Growth.* Cambridge: University Press.

Samman, E. 2007. "Psychological and Subjective Well-being: A proposal for Internationally Comparable Indicators. " *Oxford Development Studies* 35 (4): 459-486.

Schulz, W. 1995. "Multiple-discrepancies Theory Versus Resource Theory. " *Social Indicators Research* 34 (1): 153-169.

Shen, Y. 2014. "Community Building and Mental Health in Mid-life and Older Life: Evidence from China. " *Social Science & Medicine* 107: 209-216.

Sirgy, M. J. 2001. *Handbook of Quality-of-Life Research.* Netherlands: Kluwer Academic Publishers.

Skeldon, R. 2001. "Ageing of Rural Populations in South-East and East Asia. " *The World Ageing Situation: Exploring a Society for All Ages.* United Nations Publication, pp. 38-54.

Soleimani, M. , S. , Tavallaei, H. , Mansuorian, and Z. , Barati. 2014. "The Assessment of Quality of Life in Transitional Neighborhoods. " *Social Indicators Research* 119 (3): 1589-1602.

Sowmiya, K. R. , and Nagarani. 2012. "A Study on Quality of Life of Elderly Population in Mettupalayam, a Rural Area of Tamilnadu. " *National Journal of Research in Community Medicine*, pp. 139-143.

United Nations Development Programme. 2019. "New UNDP Report: Human Development in China Advances Dramatically, But Challenges Remain", https://www. undp. org/china/press-releases/new-undp-report-human-development-china-advances-dramatically-challenges-remain.

Velkoff, V. A. 2001. "Living Arrangements and Well-being of the Older Population: Future Research Direction. " *Population Bulletin of the United Nations* 42.

Ventegodt, S. , J. , Merrick, and N. J. , Andersen. 2003. "Quality of Life Theory I. The IQOL Theory: An Integrative Theory of the Global Quality of Life Concept. " *The Scientific World Journal* (3): 1030-1040.

Wang, G. , M. , Hu, S. Y. , Xiao, and L. , Zhou. 2017. "Loneliness and Depression Among Rural Empty-nest Elderly Adults in Liuyang, China: A Cross-sectional Study. " *BMJ Open* 7 (10): e016091.

Wang, Z. , J. , Jiang, and Q. , Zeng. 2019. "Medical System and Nutrition Improvement for the Rural Elderly. " *Journal of Health Population and Nutrition* 38 (1): 1-10.

Wheeler, L. 1966. "Motivation as a Determinant of Upward Comparison. " *Journal of Experimental Social Psychology* 1: 27-31.

Wills, T. A. 1981. "Downward Comparison Principles in Social Psychology. " *Psychological Bulletin* 90: 245-271.

Wolfensberger, W. 1994. "Let's Hang up "Quality of Life" as a Hopeless Term. " *In Quality of Life for Persons with Disabilities: International Perspectives and Issues*, edited by D. A. , Goode, pp. 285 - 321. Brookline: Books.

Wood, J. V. 1989. "Theory and Research Concerning Social Comparisons of

Personal Attributes. " *Psychological Bulletin* 106 （2）: 231.

World Health Organization. 2002. "Abuse of the Elderly. " *In World Report on Violence and Health*, edited by Krug E. G. , L. L. , Dahlberg, J. A. , Mercy, A. B. , Zwi, and R. , Lozano. Genva: World Health Organization Press.

Xie, J. F. , S. Q. , Ding, Z. Q. , Zhong, Q. F. , Yi, S. N. , Zeng, J. H. , Hu, and J. D. , Zhou. 2014. "Mental Health is the Most Important Factor Influencing Quality of Life in Elderly Left Behind When Families Migrate out of Rural China. " *Revista Latino-americana de Enfermagem* 22 （3）: 364 – 370.

Xu, H. , L. , Tang, Z. , Hu, F. , Gao, Y. , Yang, L. , Qin, and B. , Luo. 2018. "Association Between Physical Activity and Health-related Quality of Life in Elderly Individuals with Pre-diabetes in Rural Hunan Province, China: A Cross-sectional Study. " *BMJ Open* 8 （4）: e019836.

Yang, S. , T. , Li, H. , Yang, J. , Wang, M. , Liu, S. , Wang, Y. , He, and B. , Jiang. 2020a. "Association Between Muscle Strength and Health-related Quality of Life in a Chinese Rural Elderly Population: A Cross-sectional Study. " *BMJ Open* 10 （1）: e026560.

Yang, Y. , H. , Deng, Q. , Yang, X. , Ding, D. , Mao, X. , Ma, B. , Xiao, and Z. , Zhong. 2020b. "Mental Health and Related Influencing Factors Among Rural Elderly in 14 Poverty State Counties of Chongqing, Southwest China: A Cross-sectional Study. " *Environmental Health and Preventive Medicine* 25 （1）: 1–10.

Yang, Y. , S. , Wang, B. , Hu, J. , Hao, R. , Hu, Y. , Zhou, and Z. , Mao. 2020c. "Do Older Adults with Parent （s） Alive Experience Higher Psychological Pain and Suicidal Ideation? A Cross-Sectional Study in China. " *International Journal of Environmental Research and Public Health* 17 （17）: 63–99.

Sheikh, J. I. , and J. A. , Yesavage. 1986. "Geriatric Depression Scale （GDS）: Recent Evidence and Development of a Shorter Version. " *Clinical Gerontologist* 5: 165–173.

You, X. , Y. , Zhang, J. , Zeng, C. , Wang, H. , Sun, Q. , Ma, Y. , Ma, and Y. , Xu. 2019. "Disparity of the Chinese Elderly's Health-related Quality of Life Between Urban and Rural Areas: A Mediation Analysis. " *BMJ Open* 9 (1): e024080.

Zhang, L. , Y. , Zeng, L. , Wang, and Y. , Fang. 2020. " Urban-rural Differences in Long-Term Care Service Status and Needs Among Home-Based Elderly People in China. " *International Journal of Environmental Research and Public Health* 17 (5): 1701.

Zhang, W. , and G. , Liu. 2007. "Childlessness, Psychological Well-being and Life Satisfaction Among the Elderly in China. " *Journal of Cross-cultural Gerontology* 22 (2): 185-203.

Zheng, Z. , and H. , Chen. 2020. "Age Sequences of the Elderly' Social Network and Its Efficacies on Well-being: an Urban-rural Comparison in China. " *BMC Geriatrics* 20 (1): 1-10.

Zhou, L. , G. , Wang, C. , Jia, and Z. , Ma. 2018. "Being Left-behind, Mental Disorder, and Elderly Suicide in Rural China: A Case-control Psychological Autopsy Study. " *Psychological Medicine* 49 (3): 458-464.

Zuniga, E. , and D. , Hernandez. 1994. "The Importance of Children for the Elderly and Changes in Reproductive Behavior (a Study of Three Rural Communities in Mexico) . " *Estud Demogr Urbanos Col Mex* 9 (1): 211-236.

附录1 农村留守老人生活质量调查问卷

问卷编号：□□□□

****

访问地点：

省（自治区、直辖市）＿＿＿＿＿＿＿＿＿　市/区/县＿＿＿＿＿＿＿＿＿

乡/镇＿＿＿＿＿＿＿＿＿　　村＿＿＿＿＿＿＿＿＿

访问对象编号（四位数）：＿＿＿＿＿＿　访问员签名：＿＿＿＿＿＿

************************** 【卷首语】 **************************

尊敬的老人家：

　　您好！

　　我是武汉科技大学的访问员＿＿＿＿＿＿，我们正在进行"农村留守老人生活质量调查"，目的是了解农村老年人的生活状况和需求，并以此为基础，为政府制定政策提供科学依据。

　　问卷中问题的回答并无对错之分，您只需要根据真实的情况回答就行。对于您的回答，我们将按照《统计法》的规定，严格保密，并且只用于统计分析，请您不要有任何顾虑。希望您协助我们完成这次访问，谢谢您的合作。

武汉科技大学农村留守老人生活质量课题组

A 基本情况

A1（观察被访者的性别，访问员填写）

1. 男　　2. 女

A2 您现＿＿＿＿＿＿岁。（按公历生日，填写两位数）

A3 您现在的婚姻状况属于下列哪种情况？（选 3 则跳过 F1-1）

1. 已婚　2. 离婚　3. 丧偶　4. 未婚　5. 同居婚姻

A4 您所达到的最高学历？

1. 没有接受过正式的教育　2. 小学　3. 初中　4. 高中　5. 职高/技校/中专　6. 大学

A5 您是宗教教徒吗？如果是的话，请在下面选出您属于哪个宗教的教徒。

1. 不信教　2. 佛教　3. 基督教　4. 道教　5. 伊斯兰教　6. 其他

A6 您目前的居住方式是？（若选除 2 以外的选项，则跳过 E3/E4）

1. 与配偶同住　2. 与配偶、孙子/女同住　3. 与配偶分居　4. 独居
5. 与亲戚同住　6. 与孙子/女同住　7. 其他

A7 您家里目前常住人口有＿＿＿＿＿＿人，其中 15 岁以下（不含 15 岁）的人口有＿＿＿＿＿人。

B 生活需求与满意度

B1 请根据对您生活的重要程度，对下列选项进行评分。

生活需求	0	1	2	3	4	5	6	7	8	9	10
1. 收入											
2. 食品开支											
3. 医疗开支											
4. 住房											
5. 生活设施											
6. 身体健康											
7. 心理健康											
8. 夫妻关系											
9. 子女孝顺											
10. 家庭和睦											
11. 人际关系											
12. 社区社会支持											
13. 生产劳动											
14. 休闲生活											
15. 参加社会活动											
16. 社区休闲场所和设施											
17. 社区组织的休闲活动											
18. 社区空气质量											

续表

生活需求	0	1	2	3	4	5	6	7	8	9	10
19. 社区水的质量											
20. 社区治安状况											
21. 社区公共交通											
22. 总的居住环境											
23. 新农保政策											
24. 新农合政策											
25. 公共养老服务											
26. 公共医疗服务											
27. 在社会上被尊重											
28. 在社会上被关爱											
29. 实现个人价值											

B2 您同意以下看法吗？

生活满意度量表	同意	不同意	不知道
年龄增长，事情发展比我想象中更好			
这是我一生中最沮丧的时期			
我和年轻的时候一样快乐			
我的生活应该比现在更快乐			
这是我一生中最好的年华			
我现在做的大部分事情既无聊又单调			
我期待将来有一些有趣和愉悦的事情发生			
我现在做的事情和以前一样有趣			
我感到老了，并且有一点累			
当我回顾我的人生时，我感到相当满意			
即使能够，我也不会改变我过去的生活			
与我的同龄人相比，我的外表看起来不错			
对未来一个月或一年的事情我都有计划			
与其他人相比，我更容易陷入抑郁			
我已经获得了我生活中期望得到的事情			

B3 总的来说，您对目前生活的满意程度是多少？

非常不满意　　　　　　　　　　　　　　　　　非常满意

0　　1　　2　　3　　4　　5　　6　　7　　8　　9　　10

C 经济状况

C1 去年您个人有下列收入吗？（如果有，追问多少元）

1. 最低生活保障救助（包括医疗救助）　　　1. 有_____元　0. 无

2. 村集体救助　　　　　　　　　　　　　　1. 有_____元　0. 无

3. 社会养老保险金　　　　　　　　　　　　1. 有_____元　0. 无

4. 子女们给的钱（包括实物、购买的服务和现金）

　　　　　　　　　　　　　　　　　　　　1. 有_____元　0. 无

5. 孙子/女们（包括外孙子/女们）给的钱　　1. 有_____元　0. 无

6. 其他亲戚朋友给的钱　　　　　　　　　　1. 有_____元　0. 无

7. 种地收入　　　　　　　　　　　　　　　1. 有_____元　0. 无

8. 打工收入　　　　　　　　　　　　　　　1. 有_____元　0. 无

9. 其他_____　　　　　　　　　1. 有_____元　0. 无

C2 去年您的家庭收入是_____元，除去生活开销的结余是_____元。

C3 您家每月的生活消费大约_____元，吃饭大约用_____元。

C4 您去年用于看病的钱大约多少？_____元。

C5 您家有多少个房间？（只计算客厅和卧室）_____间。

C6 您的卧室面积是_____平方米。

C7 您家有室内卫生间吗？

1. 有　2. 没有

C8 您家有下列生活设施吗？（可多选）

1. 电视　2. 冰箱　3. 洗衣机　4. 空调　5. 燃气灶　6. 移动电话

C9 请根据您的满意程度，对下列选项进行评分。

	0	1	2	3	4	5	6	7	8	9	10
收入											
食品开支											
医疗开支											
住房											
生活设施											
总的经济状况											

D 健康与功能

D1 您是否能独立完成以下活动？

	能独立完成	部分依赖他人完成	完全依赖他人完成
1. 吃饭			
2. 走动			
3. 上厕所			
4. 穿衣			
5. 洗澡			
6. 做饭			
7. 购物			
8. 做清洁			
9. 乘坐公交车			

D2 请您根据过去一周的情况，对以下说法做出判断。

感受和行为	是	否
1. 您对自己的生活基本上满意吗？		
2. 您觉得放弃了很多以往的活动和爱好吗？		
3. 您觉得自己生活不够充实吗？		
4. 您常常感到心烦吗？		
5. 您多数时候感到精神好吗？		
6. 您担心有不好的事情发生在自己身上吗？		
7. 您多数时候感到幸福吗？		
8. 您常常感到无依无靠吗？		
9. 您宁愿在家也不愿去做自己不太熟悉的事情吗？		
10. 您觉得自己的记忆力比其他老人差吗？		
11. 您认为活到现在非常好吗？		
12. 您觉得自己很没用吗？		
13. 您感到精力充沛吗？		
14. 您是否觉得自己的处境没有希望？		
15. 您觉得多数人比自己富吗？		

D3 您患有下列疾病吗？（可多选）

1. 呼吸系统疾病（慢性支气管炎、肺结核等）

2. 消化系统疾病（慢性胃炎等）

3. 循环系统疾病（心脏病、高血压、中风等）

4. 内分泌和代谢疾病（糖尿病等）

5. 泌尿生殖系统疾病（慢性肾炎等）

6. 恶性肿瘤　7. 关节炎　8. 无病

D4 以上疾病对您的生活影响大吗？（若上题选 8 则跳过此题）

1. 非常大　2. 比较大　3. 一般　4. 不太大　5. 没有影响

D5 过去一年，您是否有病拖延两周治疗？（若此题选 2 则跳过下题）

1. 是　2. 否

D6 您有病拖延两周治疗的原因是？（可多选）

1. 经济困难　2. 自感病轻　3. 没有时间　4. 交通不便　5. 没有有效措施　6. 其他

D7 请根据您的满意程度，对下列选项进行评分。

	0	1	2	3	4	5	6	7	8	9	10
1. 身体健康											
2. 心理健康（心态）											

E 生产劳动与休闲生活

E1 您农忙时每周劳动时间大概_____小时，农闲时打零工的时间每周约_____小时。

E2 您认为农业劳动的负担重吗？

1. 不重　2. 有点重　3. 一般　4. 比较重　5. 非常重

E3 您每周照顾孙辈的时间大概_____小时。

E4 您认为照顾孙辈的负担重吗？

1. 不重　2. 有点重　3. 一般　4. 比较重　5. 非常重

E5 过去一个月，您参加过以下哪些活动？（可多选）

1. 棋牌麻将活动　2. 集体健身活动（广场舞等）　3. 聚会聊天

4. 社会组织的活动　5. 旅游　6. 看电视/听广播

7. 读书/看报　8. 其他_____　9. 以上全无

E6 社区有以下哪些活动场所或设施？（可多选）

1. 老年活动室　2. 体育场地/锻炼设施　3. 图书室　4. 棋牌室

5. 有线电视/广播站　6. 其他＿＿＿＿＿＿＿　　7. 以上全无

E7 过去一年，社区（村委会）是否组织了以下活动？（可多选）

1. 集体健身活动（广场舞等）　　2. 棋牌麻将活动

3. 兴趣小组活动（戏曲、书画）　4. 看电影、看戏

5. 旅游参观活动　6. 其他＿＿＿＿＿　　7. 以上全无

E8 请根据您的满意程度，对下列选项进行评分。

	0	1	2	3	4	5	6	7	8	9	10
生产劳动											
社区休闲场所和设施											
社区组织的休闲活动											
参加的社会活动											
总的休闲生活											

F 家庭和社会支持

F1 过去一年，当您有需要的时候，您周围的人是否可以提供以下帮助？

支持者	A 经济支持 ①不能 ②能	B 生活照料 ①从不 ②一年几次 ③每月至少一次 ④每周至少一次 ⑤几乎天天	C 情感慰藉 ①从不 ②一年几次 ③每月至少一次 ④每周至少一次 ⑤几乎天天	帮助大小排序
1. 配偶				
2. 儿子				
3. 女儿				
4. 邻居				
5. 朋友				
6. 亲戚				
7. 村委会工作人员				
8. 志愿者/非营利机构				
9. 社会工作者				

F2 您有_____个儿子，_____个女儿。

F3 过去一年，您与子女每月见面交往的次数是_____次，电话联系的次数是_____次。

F4 您有_____个关系重要的朋友。

F5 过去一年，您与朋友每周见面交往的次数是_____次，电话联系的次数是_____次。

F6 过去一年，您是否遭受过以下虐待？（可多选）

1. 经济虐待　2. 精神虐待　3. 身体虐待　4. 疏于照料

5. 以上全无

F7 请根据您的满意程度，对下列选项进行评分。

	0	1	2	3	4	5	6	7	8	9	10
夫妻关系											
子女孝顺											
家庭和睦											
人际关系											
社区社会支持											

G 生活环境

G1 如果您能在您希望的地方生活，您会更喜欢哪一个？

1. 大型城市　2. 中型城市　3. 小型城市　4. 镇子或村庄

5. 偏远农村

G2 您晚上在家附近单独走动是否害怕受到他人侵害？

1. 是　2. 否

G3 过去一年，您所居住的村庄发生过_____起犯罪事件，_____起村民纠纷事件。

G4 您日常喝的水主要来自哪里？

1. 井水　2. 自来水　3. 江、河、湖、溪、泉水　4. 池塘水

5. 窖水　6. 其他_____

G5 您村里有公共交通工具吗？

1. 有　2. 没有

G6 请根据您的满意程度，对下列选项进行评分。

	0	1	2	3	4	5	6	7	8	9	10
空气质量											
饮用水质量											
社区治安状况											
社区公共交通											
总的居住环境											

H 公共政策与养老服务

H1 您参加了新型农村社会养老保险（新农保）吗？

1. 没有　2. 有，缴费_____元/年，领取_____元/月。

H2 您参加了新型农村合作医疗（新农合）吗？

1. 没有　2. 有，报销比例是_____%。

H3 您所在的村（镇）有以下医疗机构吗？（可多选）

1. 医院　2. 卫生室　3. 诊所　4. 以上全无

H4 您一般看病的卫生室（或医院）离您家有多远？_____里。

H5 最近的养老院/敬老院离您家有多远？_____里。

H6 下面询问一些您居住的社区（村）中老年服务及老年机构问题。

社区服务/机构	是否需要		是否有这些服务		是否会花钱购买服务	
	是	否	是	否	是	否
1. 健康讲座和咨询						
2. 定期体检						
3. 康复训练						
4. 心理咨询						
5. 上门看病						
6. 上门送饭						
7. 上门帮助洗澡/理发						
8. 上门做清洁						
9. 紧急救助						
10. 帮助行走						
11. 家电维修						

续表

社区服务/机构	是否需要		是否有这些服务		是否会花钱购买服务	
	是	否	是	否	是	否
12. 聊天解闷						
13. 家庭关系调解						
14. 日托站/日间照料中心						
15. 养老院/敬老院						

H7 请根据您的满意程度，对下列选项进行评分。

政策或服务	0	1	2	3	4	5	6	7	8	9	10
新农保政策											
新农合政策											
公共养老服务											
公共医疗服务											

I 应对方式

当您在生活中被烦恼事件或挫折所困扰时，您是如何应对的，请根据选项做出回答。

	不采用	偶尔采用	有时采用	经常采用
1. 通过工作学习或一些其他活动解脱				
2. 改变自己的想法，重新发现生活中什么重要				
3. 尽量看到事物好的一面				
4. 与人交谈，倾诉内心烦恼				
5. 不把问题看得太严重				
6. 坚持自己的立场，为自己想得到的而斗争				
7. 找出几种不同的解决问题的方法				
8. 向亲戚朋友或同学寻求建议				
9. 改变原来的一些做法或解决自己的一些问题				
10. 借鉴他人处理类似困难的方法				
11. 寻求业余爱好，积极参加文体活动				

续表

	不采用	偶尔采用	有时采用	经常采用
12. 尽量克制自己的失望、悔恨、悲伤和愤怒				
13. 试图休息或休假，暂时把问题（烦恼）抛开				
14. 通过吸烟、喝酒、服药和吃东西来解除烦恼				
15. 认为时间会改变现状，唯一要做的便是等待				
16. 试图忘记整个事情				
17. 依靠别人解决问题				
18. 接受现实，因为没有其他办法				
19. 幻想可能会发生某种奇迹改变现状				
20. 自己安慰自己				

J 价值观

J1 您认为您的生活与周围的老人相比如何？

1. 更差　2. 差不多　3. 更好

J2 您认为您的生活与城里的老人相比如何？

1. 更差　2. 差不多　3. 更好

J3 与过去相比，您认为您的生活有什么变化？

1. 更差　2. 差不多　3. 更好

J4 您认为将来您的生活会有什么变化？

1. 更差　2. 差不多　3. 更好

J5 请问您的实际生活状况与您的生活目标相比差距如何？

1. 差距很大　2. 差距不大　3. 基本没有差距

J6 人们有时会描述自己所处的阶层，您认为自己属于哪个阶层？

1. 上层　2. 中上层　3. 中层　4. 中下层　5. 下层

J7 您认为有子女的老人的养老主要应该由谁负责？

1. 政府负责　2. 子女负责　3. 老人自己负责　4. 政府/子女/老人共同承担

J8 您希望的养老方式是？

1. 家庭养老　2. 机构养老　3. 社区养老　4. 其他

J9 您是否愿意接受以下事情？

	是	否
1. 愿意成为志愿者照顾其他老人		
2. 愿意接受志愿者照顾自己		
3. 愿意从事有偿照顾其他老人的工作		

J10 请根据您的满意程度，对下列选项进行评分。

在社会上……	0	1	2	3	4	5	6	7	8	9	10
1. 被尊重											
2. 被关爱											
3. 实现个人价值											

J11 您对于下列群体的信任程度如何？

	完全相信	比较相信	不太相信	一点都不相信
1. 您的家人				
2. 您的邻居				
3. 您的朋友				
4. 第一次遇到的人				

K 生活满意度与幸福感

根据 K1/K2 的得分及老人的配合意愿，确定深入访谈对象

K1 总的来说，您对目前生活的满意程度是多少？【访员根据满意度量表提示被访者回答】

非常不满意　　　　　　　　　　　　　　　　　　　非常满意

　　　0　1　2　3　4　5　6　7　8　9　10

K2 总的来说，您感到幸福吗？【访员根据满意度量表提示被访者回答】

非常不幸福　　　　　　　　　　　　　　　　　　　非常幸福

　　　0　1　2　3　4　5　6　7　8　9　10

K3 您目前的生活中，最让您感到不满意的地方是什么？（可多选）

1. 吃饭的钱不够用　2. 看病的钱不够用　3. 健康状况不好

4. 与配偶关系不好　5. 子女不孝顺　6. 子女离得太远

7. 与邻里/朋友关系不好　8. 住房条件太差　9. 生活无人照料

10. 生活寂寞　11. 照料孙辈负担过重　12. 照料患病的家人负担过重

13. 经济上贴补子女（孙子/女）负担过重　14. 其他事件＿＿＿＿＿

15. 没有不满意

附录 2　社区调查问卷

一　社区基本情况

1. 您村的行政面积＿＿＿＿＿＿＿＿平方公里。

2. 您村去年末的户数＿＿＿＿＿＿户，总人口数＿＿＿＿＿＿人。

3. 您村去年末老年人口有＿＿＿＿＿＿＿人，其中留守老年人口有＿＿＿＿＿＿＿人，占比＿＿＿＿＿＿。您村老年人的年龄结构是：

年龄组	总人数	男性人数（比例）	女性人数（比例）
60~69 岁			
70~79 岁			
80 岁及以上			

4. 您村外出务工的劳动力占劳动力总数的比例是＿＿＿＿＿＿。

5. 您村去年的农业总产值是＿＿＿＿＿＿＿＿万元，非农业总产值是＿＿＿＿＿＿万元。

6. 您村去年的人均耕地面积是＿＿＿＿＿＿亩。

7. 您村去年的人均收入是＿＿＿＿＿＿万元。

8. 您村去年参加新农保的人数是＿＿＿＿＿＿人，参加新农合的人数是＿＿＿＿＿＿人。

9. 您村去年末有多少低保户？＿＿＿＿＿＿人。

10. 村委会有＿＿＿＿＿＿名专职人员，＿＿＿＿＿＿名聘用的人员，＿＿＿＿＿＿名社工。

11. 村委会（社区）是否有下列养老机构或组织？

养老机构/组织	数量	主要经费来源 1. 拨款 2. 营业性收入 3. 筹款或募捐
日托所/日间照料中心		
养老院/敬老院		
村民互助养老组织		
社会工作服务机构		
其他养老机构或组织 ———————		

12. 您村里有以下哪些基础设施？（可多选）

（1）通电　　（2）通自来水　　（3）通公路　　（4）通电话

（5）通邮　　（6）通广播　　（7）通互联网　　（8）通有线电视

（9）农田水利设施（小水窖、小水池等）

13. 您村为老年人提供的养老服务项目有哪些？医疗服务项目有哪些？

养老服务项目：_____

医疗服务项目：_____

二　被访者基本信息

1. 您在村委会的职务是？

（1）主任（村长）　　（2）书记　　（3）其他工作人员_____

2. 您的受教育程度是？

（1）没接受过正式的教育　　（2）小学　　（3）初中　　（4）高中

（5）职高/技校/中专　　（6）大学专科　　（7）大学本科　　（8）研究生

3. 您的姓名_____，电话_____。

4. 您的地址是：省（自治区、直辖市）_____

市/区/县_____乡/镇_____

村委会_____邮编_____。

图书在版编目（CIP）数据

人口老龄化背景下农村留守老人生活质量测评／柯
燕著 . --北京：社会科学文献出版社，2024.12.
ISBN 978-7-5228-4279-0

Ⅰ. D669.6

中国国家版本馆 CIP 数据核字第 2024TH2914 号

人口老龄化背景下农村留守老人生活质量测评

著　　者／柯　燕

出 版 人／冀祥德
责任编辑／杨桂凤
文稿编辑／赵亚汝
责任印制／王京美

出　　版／社会科学文献出版社·群学分社（010）59367002
　　　　　地址：北京市北三环中路甲 29 号院华龙大厦　邮编：100029
　　　　　网址：www.ssap.com.cn
发　　行／社会科学文献出版社（010）59367028
印　　装／唐山玺诚印务有限公司

规　　格／开 本：787mm×1092mm　1/16
　　　　　印 张：14　字 数：229 千字
版　　次／2024 年 12 月第 1 版　2024 年 12 月第 1 次印刷
书　　号／ISBN 978-7-5228-4279-0
定　　价／99.00 元

读者服务电话：4008918866